Das ultimative chinesische Kochbuch zum Mitnehmen

100 köstliche Rezepte mit wunderschön farbigen Bildern, die Ihnen helfen, Ihre Lieblingsgerichte aus China zum Mitnehmen zu Hause nachzukochen

Minna Voigt

Urheberrechtliches Material ©2023

Alle Rechte vorbehalten

Ohne die entsprechende schriftliche Zustimmung des Herausgebers und Urheberrechtsinhabers darf dieses Buch in keiner Weise, Form oder Form verwendet oder verbreitet werden, mit Ausnahme kurzer Zitate in einer Rezension. Dieses Buch sollte nicht als Ersatz für medizinische, rechtliche oder andere professionelle Beratung betrachtet werden.

INHALTSVERZEICHNIS

INHALTSVERZEICHNIS	3
EINFÜHRUNG	**6**
1. Süß-saures Hühnchen	7
2. Frühlingszwiebelkuchen	9
3. Kung-Pao-Huhn	11
4. Chinesische Spareribs	13
5. Chinesischer gebratener Hühnchenreis	15
6. Szechuan-Garnelen	17
7. Rindfleisch und Brokkoli im Restaurantstil	19
8. Allgemeines Huhn	21
9. Asiatischer Hühnersalat	24
10. Chinesisches Pfeffersteak	26
11. Gegrilltes asiatisches Hähnchen	28
12. Eiertropfensuppe	30
13. Glückskekse	32
14. Gemüse-Lo-Mein	34
15. Zitronenhähnchen	37
16. Krabbenrangun	40
17. Gebratene Zuckerschoten	42
18. Gebratener Spinat mit Knoblauch und Sojasauce	44
19. Würzig gebratener Chinakohl	46
20. Gebratener Salat mit Austernsauce	48
21. Gebratener Brokkoli und Bambussprossen	50
22. Trockengebratene Bohnen	52
23. Gebratener Pak Choi und Pilze	54
24. Gebratenes Gemüsegemisch	56
25. Buddhas Freude	58
26. Tofu nach Hunan-Art	61
27. Ma Po Tofu	64
28. Gedämpfter Tofu in einer einfachen Sauce	67
29. Sesamspargel	69
30. Auberginen und Tofu in brutzelnder Knoblauchsauce	71
31. Chinesischer Brokkoli mit Austernsauce	74
32. Garnelen mit Salz und Pfeffer	76
33. Betrunkene Garnele	79
34. Gebratene Garnelen nach Shanghai-Art	81
35. Walnussgarnelen	83
36. Samtmuscheln	86

37. Meeresfrüchte- und Gemüsepfanne mit Nudeln	89
38. Ganzer gedämpfter Fisch mit Ingwer und Frühlingszwiebeln	92
39. Gebratener Fisch mit Ingwer und Bok Choy	95
40. Muscheln in schwarzer Bohnensauce	97
41. Kokos-Curry-Krabbe	99
42. Frittierter Tintenfisch mit schwarzem Pfeffer	101
43. Frittierte Austern mit Chili-Knoblauch-Konfetti	103
44. Kung-Pao-Huhn	106
45. Brokkoli-Hähnchen	109
46. Hühnchen mit Mandarinenschale	112
47. Cashew-Huhn	115
48. Samthuhn und Zuckerschoten	118
49. Hühnchen und Gemüse mit schwarzer Bohnensauce	121
50. Huhn mit grünen Bohnen	124
51. Hühnchen in Sesamsauce	127
52. Süß-saures Hühnchen	130
53. Moo Goo Gai Pan	133
54. Ei Foo Yong	136
55. Tomaten-Ei-Pfanne	139
56. Garnelen und Rührei	141
57. Herzhafter gedämpfter Eierpudding	144
58. Chinesische gebratene Hähnchenflügel zum Mitnehmen	146
59. Thai-Basilikum-Hähnchen	148
60. Geschmorter Schweinebauch	150
61. Tomaten-Rindfleisch-Pfanne	152
62. Rindfleisch und Brokkoli	155
63. Rindfleischpfanne mit schwarzem Pfeffer	158
64. Sesam-Rindfleisch	161
65. Mongolisches Rindfleisch	164
66. Sichuan-Rindfleisch mit Sellerie und Karotten	167
67. Hoisin-Rindersalatbecher	170
68. Gebratene Schweinekoteletts mit Zwiebeln	173
69. Five Spice Pork mit Bok Choy	176
70. Hoisin-Schweinefleischpfanne	178
71. Zweimal gekochter Schweinebauch	180
72. Mu Shu Schweinefleisch mit Pfannenpfannkuchen	183
73. Schweinefleisch-Spareribs mit schwarzer Bohnensauce	186
74. Gebratenes mongolisches Lamm	189
75. Mit Kreuzkümmel gewürztes Lamm	192
76. Lamm mit Ingwer und Lauch	195

77. Thai-Basilikum-Rindfleisch	198
78. Chinesisches BBQ-Schweinefleisch	200
79. Gedämpfte BBQ-Schweinefleischbrötchen	203
80. Kantonesischer Schweinebauchbraten	206
81. Kokos-Curry-Nudelsuppe	209
82. Scharfe Rindfleisch-Nudelsuppe	211
83. Gelbe Eiertropfensuppe	214
84. Einfache Wan-Tan-Suppe	216
85. Eiertropfensuppe	219
86. Gebratener Eierreis	221
87. Klassischer gebratener Schweinefleischreis	224
88. Betrunkene Nudeln	226
89. Sichuan-Dan-Dan-Nudeln	229
90. Scharf-saure Suppe	232
91. Schweinefleisch-Congee	235
92. Gebratener Reis mit Garnelen, Ei und Frühlingszwiebeln	237
93. Gebratener Reis mit geräucherter Forelle	240
94. Spam gebratener Reis	243
95. Gedämpfter Reis mit Lap Cheung und Bok Choy	246
96. Rindernudelsuppe	249
97. Knoblauchnudeln	252
98. Singapur-Nudeln	254
99. Glasnudeln mit Chinakohl	257
100. Hakka-Nudeln	260
ABSCHLUSS	**263**

EINFÜHRUNG

Chinesisches Essen zum Mitnehmen ist eine beliebte Wahl für eine einfache Mahlzeit, die zu Ihnen nach Hause geliefert werden kann.

„Zum Mitnehmen zu Hause" ist ein umfassendes chinesisches Kochbuch, das authentische und leicht verständliche Rezepte für Ihre chinesischen Lieblingsgerichte zum Mitnehmen bietet. Egal, ob Sie ein Fan der scharfen Szechuan-Küche sind oder sich nach den herzhaften Aromen kantonesischer Gerichte sehnen, dieses Kochbuch bietet alles.

In diesem Kochbuch finden Sie 100 köstliche Rezepte für eine Vielzahl chinesischer Gerichte, darunter Vorspeisen, Hauptgerichte, Suppen und Desserts. Jedes Rezept ist leicht zu befolgen und enthält detaillierte Anweisungen sowie Informationen zu den verwendeten Zutaten und ihrer kulturellen Bedeutung in der chinesischen Küche.

Um Ihr Kocherlebnis noch angenehmer zu gestalten, ist jedes der 100 Rezepte mit einem farbenfrohen Bild versehen. Es gibt 100 farbige Bilder (eines für jedes Rezept), mit denen Sie Ihre Lieblingsgerichte aus China zum Mitnehmen ganz einfach zu Hause nachmachen können.

Ob Sie neu in der chinesischen Küche sind oder ein erfahrener Koch, Zum Mitnehmen zu Hause ist das perfekte Kochbuch für Sie. Mit authentischen Rezepten und leicht verständlichen Anweisungen können Sie Ihre chinesischen Lieblingsgerichte bequem von zu Hause aus genießen

Was wäre, wenn Sie Mahlzeiten in gleicher oder besserer Qualität zu einem Bruchteil der Kosten zubereiten könnten, wenn Sie jede Zutat in Ihrem Essen kennen würden, ohne auf den Geschmack verzichten zu müssen? Das klingt nach einer gewinnbringenden Kombination, und dieses Buch mit chinesischen Rezepten zum Mitnehmen hält dieses Versprechen!

1. Hühnchen süß-sauer

Macht: 8

ZUTATEN:
- 1 (8 Unzen) Dose Ananasstücke, abgetropft (Saft reserviert)
- ¼ Tasse Maisstärke
- 1¾ Tassen Wasser, geteilt
- ¾ Tasse weißer Zucker
- ½ Tasse destillierter weißer Essig
- 2 Tropfen orange Lebensmittelfarbe
- 8 Hähnchenbrusthälften ohne Haut und Knochen, gewürfelt
- 2 ¼ Tassen selbstaufgehendes Mehl
- 2 Esslöffel Pflanzenöl
- 2 Esslöffel Maisstärke
- ½ Teelöffel Salz
- ¼ Teelöffel gemahlener weißer Pfeffer
- 1 Ei
- 1 ½ Tassen Wasser
- 1 Liter Pflanzenöl zum Braten
- 2 grüne Paprika, in 2,5 cm große Stücke geschnitten

ANWEISUNGEN:
a) In einer Pfanne 1 ½ Tasse Wasser mit Essig, Ananassaft, Zucker und oranger Lebensmittelfarbe hinzufügen. Von der Flamme kochen lassen, bis es kocht.
b) Nun ¼ Tasse Maisstärke mit ¼ Tasse Wasser vermischen und unter ständigem Rühren in die Pfanne gießen. Beiseite stellen.
c) Mehl, 2 Esslöffel Maisstärke, Ei, 2 Esslöffel Öl, Salzwasser und weißen Pfeffer in eine Schüssel geben. Gut mischen.
d) Geben Sie nun die Hähnchenstücke in diesen Teig und rühren Sie um.
e) Öl in der Pfanne erhitzen, Hähnchenstücke dazugeben und schön braun braten.
f) Mit Paprika und Ananasstücken auf eine Servierplatte geben und mit scharfer Soße belegen.

2. Frühlingszwiebelkuchen

Macht: 8

ZUTATEN:
- 3 Tassen Brotmehl
- 1 ¼ Tassen kochendes Wasser
- 2 Esslöffel Pflanzenöl
- Salz und Pfeffer nach Geschmack
- 1 Bund Frühlingszwiebeln, fein gehackt
- 2 Teelöffel Pflanzenöl

ANWEISUNGEN:
a) Mehl und Wasser in eine Schüssel geben, einen Teig kneten und mit einer Plastikfolie abdecken. 30 Minuten einwirken lassen.
b) Teilen Sie den Teig in 16 gleiche Teile und rollen Sie jeden zu einer ¼ Zoll dicken Platte aus.
c) Mit Öl bestreichen und mit Salz und Pfeffer würzen.
d) 1 Esslöffel Frühlingszwiebeln hinzufügen und zigarrenartig aufrollen.
e) Nochmals zu einem ¼-Zoll-Blatt ausrollen.
f) Öl in einer Pfanne erhitzen und jeden Kuchen von beiden Seiten schön goldbraun braten.
g) Servieren und genießen.

3. Kung Pao Hühnerfleisch

Macht: 4

ZUTATEN:
- 1 Pfund Hähnchenbrusthälften ohne Haut und Knochen, gewürfelt
- 2 Esslöffel Weißwein
- 2 Esslöffel Sojasauce
- 2 Esslöffel Sesamöl, geteilt
- 2 Esslöffel Maisstärke, gelöst in 2 Esslöffeln Wasser
- 1 Unze scharfe Chilepaste
- 1 Teelöffel destillierter weißer Essig
- 2 Teelöffel brauner Zucker
- 4 Frühlingszwiebeln, gehackt
- 1 Esslöffel gehackter Knoblauch
- 1 (8 Unzen) Dose Wasserkastanien
- 4 Unzen gehackte Erdnüsse

ANWEISUNGEN:
a) In eine Schüssel 1 Esslöffel Sojasauce, Öl, 1 Esslöffel Wein und Maisstärke geben und gut vermischen.
b) Hähnchenstücke hinzufügen und umrühren.
c) Abdecken und für 30 Minuten in den Kühlschrank stellen.
d) In einen Topf 1 Esslöffel Wein, Öl, 1 Esslöffel Sojasauce, Maisstärke, Zwiebeln, Wasserkastanien, Erdnüsse und Knoblauch geben. 5-10 Minuten kochen lassen.
e) Geben Sie das Hähnchen in eine separate Pfanne und braten Sie es 10–15 Minuten lang und geben Sie es dann in die Soße.
f) 10-15 Minuten kochen lassen und dann die Hitze ausschalten.

4. Chinesische Spareribs

Macht: 2

ZUTATEN:
- 3 Esslöffel Hoisinsauce
- 1 Esslöffel Ketchup
- 1 Esslöffel Honig
- 1 Esslöffel Sojasauce
- 1 Esslöffel Sake
- 1 Teelöffel Reisessig
- 1 Teelöffel Zitronensaft
- 1 Teelöffel geriebener frischer Ingwer
- ½ Teelöffel geriebener frischer Knoblauch
- ¼ Teelöffel chinesisches Fünf-Gewürze-Pulver
- 1 Pfund Schweinefleisch-Spareribs

ANWEISUNGEN:
a) In eine Schüssel Honig, Ketchup, Sojasauce, Hoisinsauce, Sake, Zitronensaft, Reisessig, Ingwer, Fünf-Gewürze-Pulver und Knoblauch geben. Zum Kombinieren vermengen.
b) Geben Sie die Rippchen in diese Mischung und rühren Sie um, bis sie gut bedeckt sind. Für 2-3 Stunden in den Kühlschrank stellen.
c) Backofen auf 325 Grad vorheizen.
d) Geben Sie Wasser in die Grillschale, sodass der Boden bedeckt ist. Stellen Sie das Gestell in den Ofen und übertragen Sie die Rippchen auf dieses Gestell.
e) Den Rost in den Ofen schieben.
f) 40 Minuten kochen lassen, bis es goldbraun ist.
g) Heiß servieren und genießen.

5. chinesisches Huhn mit gebratenem Reis

Macht: 4

ZUTATEN:
- 1 Ei
- 1 Esslöffel Wasser
- 1 Esslöffel Butter
- 1 Esslöffel Pflanzenöl
- 1 Zwiebel, gehackt
- 2 Tassen gekochter weißer Reis, kalt
- 2 Esslöffel Sojasauce
- 1 Teelöffel gemahlener schwarzer Pfeffer
- 1 Tasse gekochtes, gehacktes Hühnerfleisch

ANWEISUNGEN:
a) Nehmen Sie eine Schüssel, fügen Sie Wasser und Ei hinzu und schlagen Sie gut.
b) Butter in der Pfanne schmelzen, unsere Eiermischung hinzufügen und 1-2 Minuten kochen lassen. Nach dem Entfernen vom Herd in Stücke schneiden.
c) Nehmen Sie einen Topf, erhitzen Sie das Öl und braten Sie die Zwiebeln 1-2 Minuten lang an.
d) Hähnchen, Sojasauce und Pfeffer hinzufügen und 5 Minuten braten.
e) Fügen Sie nun das gekochte Ei und den gekochten Reis hinzu, mischen Sie alles gründlich und stellen Sie den Herd ab.
f) Aufschlag.

6. Szechuan-Garnelen

Macht: 4

ZUTATEN:
- 4 Esslöffel Wasser
- 2 Esslöffel Ketchup
- 1 Esslöffel Sojasauce
- 2 Teelöffel Maisstärke
- 1 Teelöffel Honig
- ½ Teelöffel zerstoßener roter Pfeffer
- ¼ Teelöffel gemahlener Ingwer
- 1 Esslöffel Pflanzenöl
- ¼ Tasse geschnittene Frühlingszwiebeln
- 4 Knoblauchzehen, gehackt
- 12 Unzen gekochte Garnelen, Schwänze entfernt

ANWEISUNGEN:
a) Nehmen Sie einen Behälter und vermischen Sie Ketchup, Wasser, Sojasauce, Paprika, Honig, Ingwer und Maisstärke. Beiseite stellen.
b) Öl in einer Pfanne erhitzen und Zwiebel und Knoblauch 1–2 Minuten anbraten.
c) Nun Garnelen dazugeben und 5 Minuten braten.
d) Soße dazugeben und gründlich verrühren.
e) Bei mittlerer Hitze 10–15 Minuten kochen lassen, bis die Soße Blasen bildet.

7. Rindfleisch und Brokkoli im Restaurantstil

Macht: 4

ZUTATEN:
- ⅓ Tasse Austernsauce
- 2 Teelöffel asiatisches (geröstetes) Sesamöl
- ⅓ Tasse Sherry
- 1 Teelöffel Sojasauce
- 1 Teelöffel weißer Zucker
- 1 Teelöffel Maisstärke, ¾ Pfund rundes Rindersteak, in ⅛-Zoll dicke Streifen geschnitten
- 3 Esslöffel Pflanzenöl, bei Bedarf auch mehr
- 1 dünne Scheibe frische Ingwerwurzel
- 1 Knoblauchzehe, geschält und zerdrückt
- 1 Pfund Brokkoli, in Röschen geschnitten

ANWEISUNGEN:
a) In einer mittelgroßen Schüssel Sesamöl, Zucker, Sojasauce, Maisstärke, Austernsauce und Sherry hinzufügen und gut vermischen.
b) Fügen Sie Steakstücke hinzu und reiben Sie die Mischung mit sauberen Händen über die Steaks. 30 Minuten in den Kühlschrank stellen.
c) Öl im Topf erhitzen und Ingwer-Knoblauch 1–2 Minuten anbraten.
d) Dann den Ingwer-Knoblauch entfernen, Brokkoli hinzufügen und 6-7 Minuten braten. Auf eine Platte geben und beiseite stellen.
e) Geben Sie nun die Steaks in denselben Topf und lassen Sie sie kochen, bis sie weich sind.
f) Den gebratenen Brokkoli umfüllen und 4-5 Minuten kochen lassen.
g) Servieren und genießen.

8. Allgemeines Huhn

Macht: 6

ZUTATEN:
- 4 Tassen Pflanzenöl zum Braten
- 1 Ei
- 1 ½ Pfund Hähnchenschenkel ohne Knochen und Haut, gewürfelt
- 1 Teelöffel Salz
- 1 Teelöffel weißer Zucker
- 1 Prise weißer Pfeffer
- 1 Tasse Maisstärke
- 2 Esslöffel Pflanzenöl
- 3 Esslöffel gehackte Frühlingszwiebeln
- 1 Knoblauchzehe, gehackt
- 6 getrocknete ganze rote Chilis
- 1 Streifen Orangenschale
- ½ Tasse weißer Zucker
- ¼ Teelöffel gemahlener Ingwer
- 3 Esslöffel Hühnerbrühe
- 1 Esslöffel Reisessig
- ¼ Tasse Sojasauce
- 2 Teelöffel Sesamöl
- 2 Esslöffel Erdnussöl
- 2 Teelöffel Maisstärke
- ¼ Tasse Wasser

ANWEISUNGEN:

a) In eine Schüssel Eier, Salz, weißen Pfeffer, 1 Tasse Maisstärke und Zucker geben und gut verrühren.
b) Hähnchenwürfel dazugeben und gründlich umrühren.
c) 3 Tassen Pflanzenöl in der Pfanne erhitzen, Hähnchenwürfel hinzufügen und goldbraun braten.
d) Dann auf ein Papiertuch geben und überschüssiges Öl abtropfen lassen.
e) In einem Topf 2 Esslöffel Pflanzenöl erhitzen und Zwiebeln, Orangenschale, Chilis und Knoblauch 1-2 Minuten anbraten.
f) Fügen Sie nun Hühnerbrühe, 1,2 Tassen Zucker, Essig, Sesamöl, Ingwer, Sojasauce und Erdnussöl hinzu. 3 Minuten kochen lassen.
g) 2 Esslöffel Maisstärke ins Wasser geben, gut vermischen und unter ständigem Rühren in den Topf gießen. 1-2 Minuten kochen lassen.
h) Fügen Sie nun das Huhn hinzu und lassen Sie es kochen, bis die Soße eingedickt ist.
i) Servieren und genießen.

9. asiatischer Hähnchensalat

Macht: 6

ZUTATEN:
- 2 Esslöffel brauner Zucker
- 2 Teelöffel Sojasauce
- 1 Esslöffel Sesamöl (optional)
- ¼ Tasse Pflanzenöl
- 3 Esslöffel Reisessig
- 1 (8 Unzen) Packung getrocknete Reisnudeln
- 1 Kopf Eisbergsalat – abgespült, getrocknet und gehackt
- 4 Hähnchenbrusthälften ohne Knochen, gekocht und zerkleinert
- 3 Frühlingszwiebeln, gehackt
- 1 Esslöffel Sesamkörner, geröstet

ANWEISUNGEN:
a) Nehmen Sie eine Schüssel und fügen Sie Sojasauce, braunen Zucker, Salatöl, Sesamöl und Reisessig hinzu, vermischen Sie alles gut und stellen Sie es 30 Minuten lang beiseite.
b) In einen Topf einige Tropfen Öl mit den Nudeln geben und gut anbraten. Kochen Sie, wenn es gut aufgeht.
c) In eine Schüssel zerkleinertes Hähnchenfleisch, Eisbergsalat, Sesam und Frühlingszwiebeln geben und vermengen. Für 10 Minuten in den Kühlschrank stellen.
d) Gekochte Nudeln dazugeben und gut vermischen.
e) Dressing über den Salat träufeln und servieren.

10. Chinesisches Pfeffersteak

Macht: 4

ZUTATEN:
- 1 Pfund Rinderfiletsteak, in 1-Zoll-Scheiben schneiden.
- ¼ Tasse Sojasauce
- 2 Esslöffel weißer Zucker
- 2 Esslöffel Maisstärke
- ½ Teelöffel gemahlener Ingwer
- 3 Esslöffel Pflanzenöl, geteilt
- 1 rote Zwiebel, in 1-Zoll-Quadrate geschnitten
- 1 grüne Paprika, in 1-Zoll-Quadrate geschnitten
- 2 Tomaten, in Spalten geschnitten

ANWEISUNGEN:
a) Maisstärke, Ingwer, Sojasauce und Zucker in eine Schüssel geben und vermischen.
b) Steaks dazugeben und gründlich vermischen.
c) 1 Esslöffel Öl in einem Topf erhitzen und die Steaks im heißen Öl schön braun braten.
d) Zwiebeln hinzufügen und kochen lassen, bis die Zwiebeln weich sind.
e) Grünen Pfeffer einrühren und gut umrühren.
f) Wenn die Paprika anfängt, ihre Farbe zu ändern, Tomaten hinzufügen und gut umrühren.
g) 3-4 Minuten kochen lassen und dann auf eine Servierplatte geben.
h) Genießen.

11. Gegrilltes asiatisches Hähnchen

Macht: 4

ZUTATEN:
- ¼ Tasse Sojasauce
- 4 Teelöffel Sesamöl
- 2 Esslöffel Honig
- 3 Scheiben frische Ingwerwurzel
- 2 Knoblauchzehen, zerdrückt
- 4 Hähnchenbrusthälften ohne Haut und Knochen

ANWEISUNGEN:
a) In eine Schüssel Honig, Sojasauce, Öl, Ingwer und Knoblauch geben und gut vermischen. Schüssel muss mikrowellengeeignet sein.
b) Für 30 Sekunden in die Mikrowelle stellen.
c) Hühnchen dazugeben und vermischen.
d) Den Grill bei mittlerer Hitze vorheizen und mit Öl einfetten.
e) Marinade vom Hähnchen nehmen und in einen Topf gießen. 1-2 Minuten kochen lassen. Beiseite stellen.
f) Legen Sie das Hähnchen auf den vorgeheizten Grill und braten Sie es, bis es von beiden Seiten schön goldbraun ist.
g) Das gekochte, marinierte Ofenhähnchen darüber träufeln und weitere 1–2 Minuten garen.

12. Eiertropfensuppe

Macht: 4

ZUTATEN:
- 2 (14,5 Unzen) Dosen Hühnerbrühe
- 1 Esslöffel Maisstärke
- 1 Ei, leicht geschlagen
- 2 Esslöffel gehackte Frühlingszwiebeln

ANWEISUNGEN:
a) Maisstärke und Hühnerbrühe in einen Topf geben und bei mittlerer Hitze gut umrühren.
b) Nun die geschlagenen Eier unter ständigem Rühren in den Topf träufeln.
c) In Servierschüsseln füllen und mit Frühlingszwiebeln belegen.

13. Glückskekse

Macht: 6

ZUTATEN:
- 1 Eiweiß
- ⅛ Teelöffel Vanilleextrakt
- 1 Prise Salz
- ¼ Tasse ungebleichtes Allzweckmehl
- ¼ Tasse weißer Zucker

ANWEISUNGEN:
a) Backofen auf 355 Grad vorheizen.
b) Ein Backblech mit Butter einfetten.
c) Zum Eiweiß Vanille hinzufügen und schaumig schlagen.
d) Gesiebtes Mehl, Zucker und Salz zur Eiermischung geben und gut verrühren.
e) Geben Sie 1 Esslöffel Teig im Abstand von 10 cm auf die Backbleche.
f) Geben Sie dem Teig durch Kippen des Blechs eine runde Form.
g) In den Ofen geben und 5 Minuten backen.
h) Nach dem Herausnehmen aus dem Ofen die Kekse auf ein Holzbrett legen.
i) Platzieren Sie nun das Glücksplätzchen ordentlich in der Mitte über den Keksen und falten Sie den Keks von der Hälfte her. Legen Sie die gebogenen Kanten durch den Tassenrand.

14. Gemüse Lo Mein

Macht: 4

ZUTATEN:
- 8 Unzen ungekochte Spaghetti
- ¼ Tasse Pflanzenöl
- 2 Tassen frisch geschnittene Pilze
- 1 Tasse geraspelte Karotten
- ½ Tasse geschnittene rote Paprika
- 1 Zwiebel, gehackt
- 2 Knoblauchzehen, gehackt
- 2 Tassen frische Sojasprossen
- ½ Tasse gehackte Frühlingszwiebeln
- 1 Esslöffel Maisstärke
- 1 Tasse Hühnerbrühe
- ¼ Tasse Hoisinsauce
- 2 Esslöffel Honig
- 1 Esslöffel Sojasauce
- 1 Teelöffel geriebener frischer Ingwer
- ¼ Teelöffel Cayennepfeffer
- ¼ Teelöffel Currypulver

ANWEISUNGEN:

a) Nehmen Sie einen Topf und füllen Sie ihn mit 2-3 Tassen Wasser und ½ Teelöffel Salz. Aufkochen lassen.

b) Nudeln hinzufügen und 8-9 Minuten kochen lassen. Abtropfen lassen und beiseite stellen.

c) Öl in einer Pfanne erhitzen und Pilze, Zwiebeln, Karotten, Paprika und Knoblauch 5–6 Minuten anbraten.

d) Bohnen, Frühlingszwiebeln und Sprossen hinzufügen und 1 Minute rühren.

e) Nehmen Sie eine Schüssel, fügen Sie Hühnerbrühe und Maisstärke hinzu und rühren Sie gut um.

f) Gießen Sie diese Mischung in die Pfanne.

g) Ingwer, Hoisinsauce, Cayennepfeffer, Honig und Currypulver hinzufügen. Gut umrühren.

h) 5-10 Minuten kochen lassen.

i) Spaghetti umfüllen und vermischen.

j) Aufschlag.

15. Zitronenhähnchen

Macht: 6

ZUTATEN:
- 3 Pfund Hähnchenbrust ohne Knochen, in 2-Zoll-Stücke geschnitten
- 1 Esslöffel trockener Sherry
- 1 Esslöffel Sojasauce
- ½ Teelöffel Salz
- 2 Eier
- 2 Tassen Pflanzenöl
- ¼ Tasse Maisstärke
- ½ Teelöffel Backpulver
- ⅓ Tasse weißer Zucker
- 1 Esslöffel Maisstärke
- 1 Tasse Hühnerbrühe
- 1 Esslöffel Zitronensaft
- 1 Teelöffel Salz
- 1 Zitrone, in Scheiben geschnitten
- 2 Esslöffel Pflanzenöl

ANWEISUNGEN:
a) Nehmen Sie eine Schüssel und geben Sie Hühnchen, Sojasauce, ½ Teelöffel Salz und Sherrysauce hinzu und vermischen Sie alles gut.
b) Abdecken und für 20 Minuten in den Kühlschrank stellen.
c) In einer separaten Schüssel Maisstärke, Eier und Backpulver hinzufügen und gut verquirlen.
d) Hähnchenstücke hinzufügen und gut vermengen. Beiseite stellen.
e) Erhitzen Sie 2 Tassen Öl in einer tiefen Pfanne und braten Sie die Hähnchenstücke darin portionsweise an.
f) Goldbraun braten lassen.
g) Auf einem Papiertuch verteilen, um überschüssiges Öl abzutropfen.

h) In eine Schüssel Zucker, Brühe, 1 Teelöffel Salz, 1 Esslöffel Speisestärke, Zitronenscheiben und Zitronensaft geben und verrühren.
i) In einem Topf 2 Esslöffel Öl erhitzen und die Zitronenmischung einrühren.
j) Kochen, bis die Soße leicht eingedickt ist.
k) Das Hähnchen darüberträufeln und servieren.

16. Krabben-Rangun

Macht: 10

ZUTATEN:
- 1 (14 Unzen) Packung kleine Wan-Tonnen-Wrapper
- 2 (8 Unzen) Packungen Frischkäse, weich
- 1 Teelöffel gehackte frische Ingwerwurzel
- ½ Teelöffel gehackter frischer Koriander
- ½ Teelöffel getrocknete Petersilie
- 3 Esslöffel dunkle Sojasauce
- 1 Pfund Krabbenfleisch, zerkleinert
- 1 Liter Öl zum Braten

ANWEISUNGEN:
a) Öl in der Pfanne erhitzen.
b) Nehmen Sie eine Schüssel und fügen Sie Sojasauce, Ingwer, Knoblauch, Koriander, Krabbenfleisch, Petersilie und Frischkäse hinzu und vermischen Sie alles gut.
c) Die Wan-Tan-Hülle auf einer sauberen Oberfläche verteilen und 1 Teelöffel Frischkäsemischung darauf geben.
d) Falten Sie die Hülle der Füllung, sodass ein Dreieck oder ein Halbmond entsteht.
e) Die Kanten mit Wasser bestreichen und die gleichen Schritte für alle Wrapper wiederholen. Mit einem feuchten Pfeffertuch abdecken.
f) 3-4 Wontons in heißes Öl geben und goldbraun braten.
g) Auf ein Papiertuch legen, um überschüssiges Öl abzutropfen.
h) Heiß servieren.

17. Gebratene Zuckerschoten

ZUTATEN:
- 2 Esslöffel Pflanzenöl
- 2 geschälte frische Ingwerscheiben, jede etwa so groß wie ein Viertel
- Koscheres Salz
- ¾ Pfund Zuckererbsen oder Zuckerschoten, ohne Fäden

ANWEISUNGEN:

a) Erhitzen Sie einen Wok bei mittlerer bis hoher Hitze, bis ein Tropfen Wasser brutzelt und bei Kontakt verdunstet. Gießen Sie das Öl hinein und schwenken Sie es, bis es den Boden des Woks bedeckt. Würzen Sie das Öl, indem Sie die Ingwerscheiben und eine Prise Salz hinzufügen. Lassen Sie den Ingwer etwa 30 Sekunden lang im Öl brutzeln und schwenken Sie ihn dabei leicht.

b) Fügen Sie die Zuckerschoten hinzu und vermengen Sie sie mit einem Wok-Spatel, bis sie mit Öl bedeckt sind. 2 bis 3 Minuten unter Rühren braten, bis es hellgrün und knusprig zart ist.

c) Auf eine Platte geben und den Ingwer wegwerfen. Heiß servieren.

18. Gebratener Spinat mit Knoblauch und Sojasauce

ZUTATEN:
- 1 Esslöffel helle Sojasauce
- 1 Teelöffel Zucker
- 2 Esslöffel Pflanzenöl
- 4 Knoblauchzehen, in dünne Scheiben geschnitten
- Koscheres Salz
- 8 Unzen vorgewaschener Babyspinat

ANWEISUNGEN:

a) In einer kleinen Schüssel das helle Soja und den Zucker verrühren, bis sich der Zucker aufgelöst hat, und beiseite stellen.

b) Erhitzen Sie einen Wok bei mittlerer bis hoher Hitze, bis ein Tropfen Wasser brutzelt und bei Kontakt verdunstet. Gießen Sie das Öl hinein und schwenken Sie es, bis es den Boden des Woks bedeckt. Den Knoblauch und eine Prise Salz hinzufügen und etwa 10 Sekunden lang unter Rühren anbraten, bis der Knoblauch duftet. Den Knoblauch mit einem Schaumlöffel aus der Pfanne nehmen und beiseite stellen.

c) Den Spinat in das gewürzte Öl geben und unter Rühren anbraten, bis das Grün zusammengefallen und hellgrün ist. Die Zucker-Soja-Mischung hinzufügen und verrühren. Den Knoblauch wieder in den Wok geben und untermischen. In eine Schüssel geben und servieren.

19. Würzig gebratener Chinakohl

ZUTATEN:
- 2 Esslöffel Pflanzenöl
- 3 oder 4 getrocknete Chilischoten
- 2 geschälte frische Ingwerscheiben, jede etwa so groß wie ein Viertel
- Koscheres Salz
- 2 Knoblauchzehen, in Scheiben geschnitten
- 1 Kopf Chinakohl, zerkleinert
- 1 Esslöffel helle Sojasauce
- ½ Esslöffel schwarzer Essig
- Frisch gemahlener schwarzer Pfeffer

ANWEISUNGEN:

a) Einen Wok bei mittlerer bis hoher Hitze erhitzen. Gießen Sie das Öl hinein und fügen Sie die Chilis hinzu. Lassen Sie die Chilis 15 Sekunden lang im Öl brutzeln. Die Ingwerscheiben und eine Prise Salz hinzufügen. Geben Sie den Knoblauch hinein und braten Sie ihn etwa 10 Sekunden lang kurz an, um dem Öl Aroma zu verleihen. Lassen Sie den Knoblauch nicht braun oder anbrennen.

b) Fügen Sie den Kohl hinzu und braten Sie ihn etwa 4 Minuten lang, bis er zusammenfällt und hellgrün wird. Fügen Sie das helle Soja und den schwarzen Essig hinzu und würzen Sie es mit je einer Prise Salz und Pfeffer. Weitere 20 bis 30 Sekunden schwenken und beschichten.

c) Auf eine Platte geben und den Ingwer wegwerfen. Heiß servieren.

20. Gebratener Salat mit Austernsauce

ZUTATEN:
- 1½ Esslöffel Pflanzenöl
- 1 geschälte frische Ingwerscheibe, etwa so groß wie ein Viertel
- Koscheres Salz
- 2 Knoblauchzehen, in dünne Scheiben geschnitten
- 1 Kopf Eisbergsalat, abgespült und trockengeschleudert, in 2,5 cm breite Stücke geschnitten
- 2 Esslöffel Austernsauce
- ½ Teelöffel Sesamöl zum Garnieren

ANWEISUNGEN:

a) Erhitzen Sie einen Wok bei mittlerer bis hoher Hitze, bis ein Tropfen Wasser brutzelt und bei Kontakt verdunstet. Fügen Sie das Pflanzenöl hinzu und schwenken Sie es, um den Boden des Woks zu bedecken. Würzen Sie das Öl, indem Sie die Ingwerscheibe und eine Prise Salz hinzufügen. Lassen Sie den Ingwer etwa 30 Sekunden lang im Öl brutzeln und schwenken Sie ihn dabei leicht.

b) Fügen Sie den Knoblauch hinzu und braten Sie ihn kurz etwa 10 Sekunden lang an, um dem Öl Aroma zu verleihen. Lassen Sie den Knoblauch nicht braun oder anbrennen. Fügen Sie den Salat hinzu und braten Sie ihn 3 bis 4 Minuten lang an, bis er leicht zu welken beginnt. Die Austernsauce über den Salat träufeln und weitere 20 bis 30 Sekunden schnell umrühren.

21. Gebratener Brokkoli und Bambussprossen

ZUTATEN:
- 2 Esslöffel Pflanzenöl
- 1 geschälte frische Ingwerscheibe, etwa so groß wie ein Viertel
- 4 Tassen Brokkoliröschen
- 2 Esslöffel Wasser
- 2 Knoblauchzehen, gehackt
- 1 (8 Unzen) Dose Bambussprossen in Scheiben schneiden, abspülen und abtropfen lassen
- 1 Esslöffel helle Sojasauce
- 1 Teelöffel Sesamöl
- 2 Teelöffel geröstete Sesamkörner

ANWEISUNGEN:

a) Einen Wok bei mittlerer bis hoher Hitze erhitzen. Gießen Sie das Pflanzenöl hinein und fügen Sie die Ingwerscheibe und eine Prise Salz hinzu.

b) Den Brokkoli dazugeben und 2 Minuten braten, bis er hellgrün ist. Fügen Sie das Wasser hinzu und decken Sie die Pfanne 2 Minuten lang ab, um den Brokkoli zu dämpfen.

c) Nehmen Sie den Deckel ab, geben Sie den Knoblauch hinzu und braten Sie das Ganze 30 Sekunden lang weiter. Die Bambussprossen einrühren und weitere 30 Sekunden unter Rühren braten.

d) Das helle Soja- und Sesamöl einrühren. Den Ingwer entfernen und wegwerfen. Auf einer vorgewärmten Platte servieren und mit Sesamkörnern garnieren.

22. Trockengebratene Bohnen

ZUTATEN:
- 1 Esslöffel helle Sojasauce
- 1 Esslöffel gehackter Knoblauch
- 1 Esslöffel Doubanjiang (chinesische Chilibohnenpaste)
- 2 Teelöffel Zucker
- 1 Teelöffel Sesamöl
- Koscheres Salz
- ½ Tasse Pflanzenöl
- 1 Pfund grüne Bohnen, geputzt, halbiert und trocken getupft

ANWEISUNGEN:

a) In einer kleinen Schüssel helles Soja, Knoblauch, Bohnenpaste, Zucker, Sesamöl und eine Prise Salz verrühren. Beiseite legen.

b) Erhitzen Sie das Pflanzenöl in einem Wok bei mittlerer bis hoher Hitze. Die Bohnen anbraten. Drehen Sie die Bohnen vorsichtig im Öl, bis sie runzlig erscheinen.

c) Sobald alle Bohnen gar sind, das restliche Öl vorsichtig in einen hitzebeständigen Behälter umfüllen. Verwenden Sie eine Zange und ein paar Papiertücher, um den Wok abzuwischen und zu reinigen.

d) Stellen Sie den Wok wieder auf hohe Hitze und geben Sie 1 Esslöffel des beiseite gestellten Frittieröls hinzu. Geben Sie die grünen Bohnen und die Chilisauce hinzu und braten Sie alles unter Rühren, bis die Sauce kocht und die grünen Bohnen bedeckt. Die Bohnen auf eine Platte geben und heiß servieren.

23. Gebratener Pak Choi und Pilze

ZUTATEN:
- 3 Esslöffel Pflanzenöl
- 1 geschälte frische Ingwerscheibe, etwa so groß wie ein Viertel
- ½ Pfund frische Shiitake-Pilze
- 2 Knoblauchzehen, gehackt
- 1½ Pfund Baby Pak Choi, quer in 2,5 cm große Stücke geschnitten
- 2 Esslöffel Shaoxing-Reiswein
- 2 Teelöffel helle Sojasauce
- 2 Teelöffel Sesamöl

ANWEISUNGEN:

a) Einen Wok bei mittlerer bis hoher Hitze erhitzen. Gießen Sie das Pflanzenöl hinein und schwenken Sie es, um den Boden des Woks zu bedecken. Die Ingwerscheibe und eine Prise Salz hinzufügen.

b) Fügen Sie die Pilze hinzu und braten Sie sie 3 bis 4 Minuten lang an, bis sie gerade anfangen zu bräunen. Fügen Sie den Knoblauch hinzu und braten Sie ihn noch etwa 30 Sekunden lang an, bis er duftet.

c) Den Pak Choi dazugeben und mit den Pilzen vermengen. Reiswein, helles Soja und Sesamöl hinzufügen. 3 bis 4 Minuten kochen lassen, dabei das Gemüse ständig wenden, bis es weich ist.

d) Das Gemüse auf eine Servierplatte geben, den Ingwer wegwerfen und heiß servieren.

24. Gebratenes Gemüsegemisch

ZUTATEN:
- 3 Esslöffel Pflanzenöl
- 1 geschälte frische Ingwerscheibe, etwa so groß wie ein Viertel
- Koscheres Salz
- ½ weiße Zwiebel, in 2,5 cm große Stücke geschnitten
- 1 große Karotte, geschält und schräg geschnitten
- 2 Sellerierippen, schräg in ¼ Zoll dicke Scheiben geschnitten
- 6 frische Shiitake-Pilze
- 1 rote Paprika, in 2,5 cm große Stücke geschnitten
- 1 kleine Handvoll grüne Bohnen, geputzt
- 2 Knoblauchzehen, fein gehackt
- 2 Frühlingszwiebeln, in dünne Scheiben geschnitten

ANWEISUNGEN:

a) Erhitzen Sie einen Wok bei mittlerer bis hoher Hitze, bis ein Tropfen Wasser brutzelt und bei Kontakt verdunstet. Gießen Sie das Öl hinein und schwenken Sie es, bis es den Boden des Woks bedeckt. Würzen Sie das Öl, indem Sie die Ingwerscheibe und eine Prise Salz hinzufügen. Lassen Sie das Öl etwa 30 Sekunden lang brutzeln und schwenken Sie es leicht.

b) Zwiebel, Karotte und Sellerie in den Wok geben und unter Rühren anbraten, dabei das Gemüse mit einem Spatel schnell im Wok bewegen. Wenn das Gemüse nach etwa 4 Minuten zart aussieht, fügen Sie die Pilze hinzu und schwenken Sie sie weiter im heißen Wok.

c) Wenn die Pilze weich aussehen, die Paprika dazugeben und noch etwa 4 Minuten weiterrühren. Wenn die Paprikaschoten weich werden, fügen Sie die grünen Bohnen hinzu und rühren Sie alles weitere etwa drei Minuten lang um, bis sie weich sind. Fügen Sie den Knoblauch hinzu und rühren Sie ihn um, bis er duftet.

d) Auf eine Platte geben, den Ingwer wegwerfen und mit den Frühlingszwiebeln garnieren. Heiß servieren.

25. Buddhas Freude

ZUTATEN:

- Kleine Handvoll (ca. ⅓ Tasse) getrocknete Waldohrpilze
- 8 getrocknete Shiitake-Pilze
- 2 Esslöffel helle Sojasauce
- 2 Teelöffel Zucker
- 1 Teelöffel Sesamöl
- 2 Esslöffel Pflanzenöl
- 2 geschälte frische Ingwerscheiben, jede etwa so groß wie ein Viertel
- Koscheres Salz
- 1 Delicata-Kürbis, halbiert, entkernt und in mundgerechte Stücke geschnitten
- 2 Esslöffel Shaoxing-Reiswein
- 1 Tasse Zuckerschoten, ohne Fäden
- 1 (8 Unzen) Dose Kastanien gießen, abspülen und abtropfen lassen
- Frisch gemahlener schwarzer Pfeffer

ANWEISUNGEN:

a) Beide getrockneten Pilze in separaten Schüsseln etwa 20 Minuten lang mit heißem Wasser bedeckt einweichen, bis sie weich sind. Lassen Sie die Holzohr-Einweichflüssigkeit ab und entsorgen Sie sie. Lassen Sie eine halbe Tasse der Shiitake-Flüssigkeit abtropfen und bewahren Sie sie auf. Fügen Sie der Pilzflüssigkeit das helle Soja, den Zucker und das Sesamöl hinzu und rühren Sie um, um den Zucker aufzulösen. Beiseite legen.

b) Erhitzen Sie einen Wok bei mittlerer bis hoher Hitze, bis ein Tropfen Wasser brutzelt und bei Kontakt verdunstet. Gießen Sie das Pflanzenöl hinein und schwenken Sie es, um den Boden des Woks zu bedecken. Würzen Sie das Öl, indem Sie die Ingwerscheiben und eine Prise Salz hinzufügen. Lassen Sie den Ingwer etwa 30 Sekunden lang im Öl brutzeln und schwenken Sie ihn dabei leicht.

c) Den Kürbis dazugeben und unter Rühren mit dem gewürzten Öl etwa 3 Minuten anbraten. Beide Pilze und den Reiswein hinzufügen und 30 Sekunden lang weiterbraten. Zuckerschoten und Wasserkastanien dazugeben und mit Öl bestreichen. Die zurückbehaltene Pilzgewürzflüssigkeit hinzufügen und abdecken. Unter gelegentlichem Rühren weiter kochen, bis das Gemüse gerade zart ist, etwa 5 Minuten.

d) Den Deckel abnehmen und mit Salz und Pfeffer abschmecken. Den Ingwer wegwerfen und servieren.

26. Tofu nach Hunan-Art

ZUTATEN:
- 1 Teelöffel Maisstärke
- 1 Esslöffel Wasser
- 4 Esslöffel Pflanzen- oder Rapsöl, geteilt
- Koscheres Salz
- 1 Pfund fester Tofu, abgetropft und in ½ Zoll dicke Quadrate mit 2 Zoll Durchmesser geschnitten
- 3 Esslöffel fermentierte schwarze Bohnen, abgespült und zerdrückt
- 2 Esslöffel Doubanjiang (chinesische Chilibohnenpaste)
- 1-Zoll-Stück frischer Ingwer, geschält und fein gehackt
- 3 Knoblauchzehen, fein gehackt
- 1 große rote Paprika, in 2,5 cm große Stücke geschnitten
- 4 Frühlingszwiebeln, in 2-Zoll-Stücke geschnitten
- 1 Esslöffel Shaoxing-Reiswein
- 1 Teelöffel Zucker
- ¼ Tasse natriumarme Hühner- oder Gemüsebrühe

ANWEISUNGEN:

a) In einer kleinen Schüssel Maisstärke und Wasser verrühren und beiseite stellen.

b) Erhitzen Sie einen Wok bei mittlerer bis hoher Hitze, bis ein Tropfen Wasser brutzelt und bei Kontakt verdunstet. Geben Sie 2 Esslöffel Öl hinein und schwenken Sie es, um den Boden und die Seiten des Woks zu bedecken. Eine Prise Salz hinzufügen und die Tofuscheiben in einer Schicht im Wok anrichten. Braten Sie den Tofu 1 bis 2 Minuten lang an und kippen Sie dabei den Wok, um das Öl beim Anbraten unter den Tofu zu schieben. Wenn die erste Seite gebräunt ist, wenden Sie den Tofu vorsichtig mit einem Wok-Spatel um und braten Sie ihn weitere 1 bis 2 Minuten lang an, bis er goldbraun ist. Den angebratenen Tofu auf einen Teller geben und beiseite stellen.

c) Reduzieren Sie die Hitze auf mittel-niedrig. Die restlichen 2 Esslöffel Öl in den Wok geben. Sobald das Öl leicht zu rauchen beginnt, fügen Sie die schwarzen Bohnen, die Bohnenpaste, den Ingwer und den Knoblauch hinzu. 20 Sekunden lang unter Rühren braten, bis das Öl durch die Bohnenpaste eine tiefrote Farbe annimmt.

d) Paprika und Frühlingszwiebeln hinzufügen und mit Shaoxing-Wein und Zucker vermischen. Noch eine Minute kochen lassen, oder bis der Wein fast verdampft und die Paprika zart ist.

e) Den gebratenen Tofu vorsichtig unterheben, bis alle Zutaten im Wok vermischt sind. Weitere 45 Sekunden kochen lassen, oder bis der Tofu eine tiefrote Farbe annimmt und die Frühlingszwiebeln zusammengefallen sind.

f) Die Hühnerbrühe über die Tofu-Mischung träufeln und vorsichtig umrühren, um den Wok abzulöschen und alle festsitzenden Stücke am Wok aufzulösen. Rühren Sie die Maisstärke-Wasser-Mischung kurz um und geben Sie sie in den Wok. Vorsichtig umrühren und 2 Minuten köcheln lassen, bis die Sauce glänzend und dickflüssig wird. Heiß servieren.

27. Ma Po Tofu

ZUTATEN:
- ½ Pfund Schweinehackfleisch
- 2 Esslöffel Shaoxing-Reiswein
- 2 Teelöffel helle Sojasauce
- 1 Teelöffel geschälter, fein gehackter frischer Ingwer
- 2 Teelöffel Maisstärke
- 1½ Esslöffel Wasser
- 2 Esslöffel Pflanzenöl
- 1 Esslöffel Sichuan-Pfefferkörner, zerstoßen
- 3 Esslöffel Doubanjiang (chinesische Chilibohnenpaste)
- 4 Frühlingszwiebeln, in dünne Scheiben geschnitten, geteilt
- 1 Teelöffel Chiliöl
- 1 Teelöffel Zucker
- ½ Teelöffel chinesisches Fünf-Gewürze-Pulver
- 1 Pfund mittelgroßer Tofu, abgetropft und in ½-Zoll-Würfel geschnitten
- 1½ Tassen natriumarme Hühnerbrühe
- Koscheres Salz
- 1 Esslöffel grob gehackte frische Korianderblätter zum Garnieren

ANWEISUNGEN:

a) In einer kleinen Schüssel Schweinehackfleisch, Reiswein, helles Soja und Ingwer vermischen. Beiseite legen. In einer anderen kleinen Schüssel die Maisstärke mit dem Wasser vermischen. Beiseite legen.

b) Erhitzen Sie einen Wok bei mittlerer Hitze und gießen Sie das Pflanzenöl hinein. Fügen Sie die Sichuan-Pfefferkörner hinzu und braten Sie sie vorsichtig an, bis sie beim Erhitzen des Öls zu brutzeln beginnen.

c) Fügen Sie das marinierte Schweinefleisch und die Bohnenpaste hinzu und braten Sie es 4 bis 5 Minuten lang an, bis das Schweinefleisch gebräunt und zerkrümelt ist. Fügen Sie die Hälfte der Frühlingszwiebeln, das Chiliöl, den Zucker und das Fünf-Gewürze-Pulver hinzu. Weitere 30 Sekunden unter Rühren braten, oder bis die Frühlingszwiebeln zusammenfallen.

d) Die Tofuwürfel über das Schweinefleisch streuen und mit der Brühe aufgießen. Nicht umrühren; Lassen Sie den Tofu zunächst kochen und etwas fester werden. Abdecken und 15 Minuten bei mittlerer Hitze köcheln lassen. Aufdecken und vorsichtig umrühren. Achten Sie darauf, die Tofuwürfel nicht zu stark zu zerkleinern.

e) Abschmecken und je nach Vorliebe Salz oder Zucker hinzufügen. Zusätzlicher Zucker kann die Schärfe abmildern, wenn es zu scharf ist. Maisstärke und Wasser nochmals verrühren und zum Tofu geben. Vorsichtig umrühren, bis die Sauce eindickt.

f) Mit den restlichen Frühlingszwiebeln und Koriander garnieren und heiß servieren.

28. Gedämpfter Tofu in einer einfachen Sauce

ZUTATEN:
- 1 Pfund mittelgroßer Tofu
- 2 Esslöffel helle Sojasauce
- 1 Esslöffel Sesamöl
- 2 Teelöffel schwarzer Essig
- 2 Knoblauchzehen, fein gehackt
- 1 Teelöffel geschälter, fein gehackter frischer Ingwer
- ½ Teelöffel Zucker
- 2 Frühlingszwiebeln, in dünne Scheiben geschnitten
- 1 Esslöffel grob gehackte frische Korianderblätter

ANWEISUNGEN:
a) Nehmen Sie den Tofu aus der Verpackung und achten Sie darauf, dass er unversehrt bleibt. Legen Sie es auf einen großen Teller und schneiden Sie es vorsichtig in 1 bis 1½ Zoll dicke Scheiben. 5 Minuten beiseite stellen. Durch das Ruhen des Tofus kann mehr Molke abfließen.

b) Spülen Sie einen Bambus-Dampfkorb und seinen Deckel unter kaltem Wasser ab und stellen Sie ihn in den Wok. Gießen Sie etwa 5 cm kaltes Wasser hinein, oder bis es etwa ¼ bis ½ Zoll über den unteren Rand des Dampfgarers reicht, aber nicht so hoch, dass das Wasser den Boden des Korbs berührt.

c) Lassen Sie überschüssige Molke vom Tofu-Teller abtropfen und legen Sie den Teller in den Bambusdämpfer. Decken Sie den Wok ab und stellen Sie ihn auf mittlere bis hohe Hitze. Bringen Sie das Wasser zum Kochen und dämpfen Sie den Tofu 6 bis 8 Minuten lang.

d) Während der Tofu dampft, in einem kleinen Topf das helle Soja, Sesamöl, Essig, Knoblauch, Ingwer und Zucker bei schwacher Hitze verrühren, bis sich der Zucker aufgelöst hat.

e) Die warme Soße über den Tofu träufeln und mit Frühlingszwiebeln und Koriander garnieren.

29. Sesam-Spargel

ZUTATEN:
- 2 Esslöffel helle Sojasauce
- 1 Teelöffel Zucker
- 1 Esslöffel Pflanzenöl
- 2 große Knoblauchzehen, grob gehackt
- 2 Pfund Spargel, geputzt und schräg in 5 cm lange Stücke geschnitten
- Koscheres Salz
- 2 Esslöffel Sesamöl
- 1 Esslöffel geröstete Sesamkörner

ANWEISUNGEN:

a) In einer kleinen Schüssel das helle Soja und den Zucker verrühren, bis sich der Zucker aufgelöst hat. Beiseite legen.

b) Erhitzen Sie einen Wok bei mittlerer bis hoher Hitze, bis ein Tropfen Wasser brutzelt und bei Kontakt verdunstet. Gießen Sie das Pflanzenöl hinein und schwenken Sie es, um den Boden des Woks zu bedecken. Fügen Sie den Knoblauch hinzu und braten Sie ihn etwa 10 Sekunden lang an, bis er duftet.

c) Den Spargel hinzufügen und unter Rühren anbraten. Fügen Sie die Sojasaucenmischung hinzu und vermengen Sie sie, um den Spargel zu bedecken, und kochen Sie ihn noch etwa 1 Minute lang.

d) Das Sesamöl über den Spargel träufeln und in eine Servierschüssel geben. Mit den Sesamkörnern garnieren und heiß servieren.

30. Auberginen und Tofu in brutzelnder Knoblauchsauce

ZUTATEN:
- 6 Tassen Wasser plus 1 Esslöffel, geteilt
- 1 Esslöffel koscheres Salz
- 3 lange chinesische Auberginen (ca. ¾ Pfund), geputzt und diagonal in 2,5 cm große Stücke geschnitten
- 1½ Esslöffel Maisstärke, geteilt
- 1 Esslöffel helle Sojasauce
- 2 Teelöffel Zucker
- ½ Teelöffel dunkle Sojasauce
- 3 Esslöffel Pflanzenöl, geteilt
- 3 Knoblauchzehen, gehackt
- 1 Teelöffel geschälter, gehackter frischer Ingwer
- ½ Pfund fester Tofu, in ½ Zoll große Würfel geschnitten

ANWEISUNGEN:

a) In einer großen Schüssel 6 Tassen Wasser und Salz vermischen. Kurz umrühren, um das Salz aufzulösen, und die Auberginenstücke hinzufügen. Setzen Sie einen großen Topfdeckel darauf, damit die Aubergine im Wasser bleibt, und lassen Sie sie 15 Minuten lang ruhen. Die Aubergine abtropfen lassen und mit Papiertüchern trocken tupfen. Geben Sie die Aubergine in eine Schüssel und bestäuben Sie sie mit etwa einem Esslöffel Maisstärke.

b) In einer kleinen Schüssel den restlichen ½ Esslöffel Maisstärke mit dem restlichen 1 Esslöffel Wasser, hellem Soja, Zucker und dunklem Soja verrühren. Beiseite legen.

c) Erhitzen Sie einen Wok bei mittlerer bis hoher Hitze, bis ein Tropfen Wasser brutzelt und bei Kontakt verdunstet. Gießen Sie 2 Esslöffel Öl hinein und schwenken Sie es, um den Boden des Woks und seine Seiten zu bedecken. Die Auberginen in einer einzigen Schicht im Wok anrichten.

d) Die Auberginen auf jeder Seite etwa 4 Minuten anbraten. Die Aubergine sollte leicht verkohlt und goldbraun sein. Reduzieren Sie die Hitze auf mittlere Stufe, wenn der Wok zu rauchen beginnt. Geben Sie die Aubergine in eine Schüssel und stellen Sie den Wok wieder auf den Herd.

e) Fügen Sie den restlichen 1 Esslöffel Öl hinzu und braten Sie Knoblauch und Ingwer etwa 10 Sekunden lang an, bis sie duften und brutzeln. Den Tofu dazugeben und weitere 2 Minuten braten, dann die Aubergine wieder in den Wok geben. Rühren Sie die Soße noch einmal um und gießen Sie sie in den Wok. Mischen Sie dabei alle Zutaten miteinander, bis die Soße eine dunkle, glänzende Konsistenz hat.

f) Auberginen und Tofu auf eine Platte geben und heiß servieren.

31. Chinesischer Brokkoli mit Austernsauce

ZUTATEN:
- ¼ Tasse Austernsauce
- 2 Teelöffel helle Sojasauce
- 1 Teelöffel Sesamöl
- 2 Esslöffel Pflanzenöl
- 4 geschälte frische Ingwerscheiben, jede etwa so groß wie ein Viertel
- 4 Knoblauchzehen, geschält
- Koscheres Salz
- 2 Bund chinesischer Brokkoli oder Brokkoli, harte Enden abgeschnitten
- 2 Esslöffel Wasser

ANWEISUNGEN:

a) In einer kleinen Schüssel Austernsauce, helles Soja und Sesamöl verrühren und beiseite stellen.

b) Erhitzen Sie einen Wok bei mittlerer bis hoher Hitze, bis ein Tropfen Wasser brutzelt und bei Kontakt verdunstet. Gießen Sie das Pflanzenöl hinein und schwenken Sie es, um den Boden des Woks zu bedecken. Ingwer, Knoblauch und eine Prise Salz hinzufügen. Lassen Sie die Aromen im Öl brutzeln und schwenken Sie es etwa 10 Sekunden lang leicht.

c) Den Brokkoli dazugeben und umrühren, bis er mit Öl bedeckt und hellgrün ist. Geben Sie das Wasser hinzu und dämpfen Sie den Brokkoli zugedeckt etwa drei Minuten lang oder bis sich die Stiele leicht mit einem Messer durchstechen lassen. Ingwer und Knoblauch entfernen und wegwerfen.

d) Die Soße einrühren und heiß umrühren. Auf einen Servierteller geben.

32. Salz- und Pfeffergarnelen

ZUTATEN:
- 1 Esslöffel koscheres Salz
- 1½ Teelöffel Sichuan-Pfefferkörner
- 1½ Pfund große Garnelen (U31–35), geschält und entdarmt, Schwänze drangelassen
- ½ Tasse Pflanzenöl
- 1 Tasse Maisstärke
- 4 Frühlingszwiebeln, diagonal geschnitten
- 1 Jalapeño-Paprika, halbiert und entkernt, in dünne Scheiben geschnitten
- 6 Knoblauchzehen, in dünne Scheiben geschnitten

ANWEISUNGEN:

a) In einer kleinen Bratpfanne oder Bratpfanne bei mittlerer Hitze das Salz und die Pfefferkörner rösten, bis sie aromatisch sind. Dabei häufig schütteln und umrühren, um ein Anbrennen zu vermeiden. Zum vollständigen Abkühlen in eine Schüssel geben. Salz und Pfefferkörner zusammen in einer Gewürzmühle oder mit Mörser und Pistill zermahlen. In eine Schüssel umfüllen und beiseite stellen.

b) Tupfen Sie die Garnelen mit einem Papiertuch trocken.

c) Erhitzen Sie das Öl in einem Wok bei mittlerer bis hoher Hitze auf 375 °F oder bis es am Ende eines Holzlöffels Blasen wirft und brutzelt.

d) Geben Sie die Maisstärke in eine große Schüssel. Kurz bevor Sie zum Braten der Garnelen bereit sind, werfen Sie die Hälfte der Garnelen hinein, um sie mit der Maisstärke zu bestreichen, und schütteln Sie überschüssige Maisstärke ab.

e) Die Garnelen 1 bis 2 Minuten braten, bis sie rosa werden. Übertragen Sie die gebratenen Garnelen mit einem Wok-Schaumlöffel zum Abtropfen auf einen Rost über einem Backblech. Wiederholen Sie den Vorgang mit den restlichen Garnelen, indem Sie Maisstärke hinzufügen, braten und zum Abtropfen auf den Rost geben.

f) Sobald alle Garnelen gar sind, entfernen Sie vorsichtig das gesamte Öl bis auf 2 Esslöffel und stellen Sie den Wok wieder auf mittlere Hitze. Frühlingszwiebeln, Jalapeño und Knoblauch hinzufügen und unter Rühren anbraten, bis die Frühlingszwiebeln und Jalapeño hellgrün werden und der Knoblauch aromatisch ist. Geben Sie die Garnelen zurück in den Wok, würzen Sie sie mit der Salz-Pfeffer-Mischung (Sie können nicht alles verwenden) und schwenken Sie sie, bis sie bedeckt ist. Die Garnelen auf eine Platte geben und heiß servieren.

33. Betrunkene Garnele

FÜR 4 PERSONEN
ZUTATEN:
- 2 Tassen Shaoxing-Reiswein
- 4 geschälte frische Ingwerscheiben, jede etwa so groß wie ein Viertel
- 2 Esslöffel getrocknete Goji-Beeren (optional)
- 2 Teelöffel Zucker
- 1 Pfund Jumbo-Garnele (U21–25), geschält und entdarmt, Schwanz drangelassen
- 2 Esslöffel Pflanzenöl
- Koscheres Salz
- 2 Teelöffel Maisstärke

ANWEISUNGEN:
a) In einer breiten Rührschüssel Reiswein, Ingwer, Goji-Beeren (falls verwendet) und Zucker verrühren, bis sich der Zucker aufgelöst hat. Die Garnelen hinzufügen und abdecken. 20 bis 30 Minuten im Kühlschrank marinieren.
b) Gießen Sie die Garnelen und die Marinade in ein Sieb über einer Schüssel. Reservieren Sie eine halbe Tasse der Marinade und entsorgen Sie den Rest.
c) Erhitzen Sie einen Wok bei mittlerer bis hoher Hitze, bis ein Tropfen Wasser brutzelt und bei Kontakt verdunstet. Gießen Sie das Öl hinein und schwenken Sie es, bis es den Boden des Woks bedeckt. Würzen Sie das Öl mit einer kleinen Prise Salz und schwenken Sie es vorsichtig.
d) Fügen Sie die Garnelen hinzu und braten Sie sie kräftig an. Fügen Sie eine Prise Salz hinzu, während Sie die Garnelen wenden und im Wok herumschwenken. Bewegen Sie die Garnelen etwa 3 Minuten lang weiter, bis sie rosa werden.
e) Die Maisstärke in die beiseite gestellte Marinade einrühren und über die Garnelen gießen. Die Garnelen wenden und mit der Marinade bestreichen. Sobald es zu kochen beginnt, wird es nach etwa weiteren 5 Minuten zu einer glänzenden Soße eindicken.
f) Die Garnelen und Goji-Beeren auf eine Platte geben, den Ingwer wegwerfen und heiß servieren.

34. Gebratene Garnelen nach Shanghai-Art

ZUTATEN:
- 1 Pfund mittelgroße Garnele (U31–40), geschält und entdarmt, Schwanz drangelassen
- 2 Esslöffel Pflanzenöl
- Koscheres Salz
- 2 Teelöffel Shaoxing-Reiswein
- 2 Frühlingszwiebeln, fein geschnitten

ANWEISUNGEN:

a) Schneiden Sie die Garnele mit einer scharfen Küchenschere oder einem Gemüsemesser der Länge nach in zwei Hälften und lassen Sie dabei den Schwanzteil intakt. Da die Garnelen in der Pfanne gebraten werden, erhalten Sie durch das Schneiden auf diese Weise mehr Oberfläche und erhalten eine einzigartige Form und Textur!

b) Tupfen Sie die Garnelen mit Papiertüchern trocken und halten Sie sie trocken. Je trockener die Garnelen, desto aromatischer das Gericht. Sie können die Garnelen vor dem Kochen bis zu 2 Stunden lang in einem Papiertuch aufgerollt im Kühlschrank aufbewahren.

c) Erhitzen Sie einen Wok bei mittlerer bis hoher Hitze, bis ein Tropfen Wasser brutzelt und bei Kontakt verdunstet. Gießen Sie das Öl hinein und schwenken Sie es, bis es den Boden des Woks bedeckt. Würzen Sie das Öl mit einer kleinen Prise Salz und schwenken Sie es vorsichtig.

d) Geben Sie die Garnelen auf einmal in den heißen Wok. 2 bis 3 Minuten lang schnell wenden und wenden, bis die Garnele gerade anfängt, rosa zu werden. Mit einer weiteren kleinen Prise Salz würzen und den Reiswein hinzufügen. Lassen Sie den Wein etwa weitere 2 Minuten lang verkochen, während Sie weiter braten. Die Garnele sollte sich trennen und einrollen, noch am Schwanz befestigt.

e) Auf eine Servierplatte geben und mit den Frühlingszwiebeln garnieren. Heiß servieren.

35. Walnussgarnelen

ZUTATEN:
- Antihaftbeschichtetes Pflanzenölspray
- 1 Pfund Jumbo-Garnelen (U21–25), geschält
- 25 bis 30 Walnusshälften
- 3 Tassen Pflanzenöl zum Braten
- 2 Esslöffel Zucker
- 2 Esslöffel Wasser
- ¼ Tasse Mayonnaise
- 3 Esslöffel gesüßte Kondensmilch
- ¼ Teelöffel Reisessig
- Koscheres Salz
- ⅓ Tasse Maisstärke

ANWEISUNGEN:

a) Ein Backblech mit Backpapier auslegen und leicht mit Kochspray einsprühen. Beiseite legen.

b) Legen Sie die Garnelen in Schmetterlinge, indem Sie sie mit der gebogenen Seite nach unten auf ein Schneidebrett legen. Führen Sie die Spitze eines Gemüsemessers ausgehend vom Kopfbereich zu drei Vierteln in die Garnele ein. Machen Sie eine Scheibe von der Mitte des Garnelenrückens bis zum Schwanz. Schneiden Sie die Garnelen nicht vollständig durch und schneiden Sie nicht in den Schwanzbereich. Öffnen Sie die Garnele wie ein Buch und breiten Sie sie flach aus. Wischen Sie die Vene (den Verdauungstrakt der Garnele) ab, wenn sie sichtbar ist, spülen Sie die Garnele unter kaltem Wasser ab und tupfen Sie sie dann mit einem Papiertuch trocken. Beiseite legen.

c) Erhitzen Sie das Öl in einem Wok bei mittlerer bis hoher Hitze auf 375 °F oder bis es am Ende eines Holzlöffels Blasen wirft und brutzelt. Braten Sie die Walnüsse 3 bis 4 Minuten lang goldbraun und geben Sie die Walnüsse mit einem Wok-Schaumlöffel auf einen mit Papiertüchern ausgelegten Teller. Beiseite stellen und die Hitze ausschalten.

d) In einem kleinen Topf Zucker und Wasser verrühren und bei mittlerer bis hoher Hitze unter gelegentlichem Rühren zum Kochen bringen, bis sich der Zucker aufgelöst hat. Reduzieren Sie die Hitze auf mittlere Stufe und lassen Sie den Sirup 5 Minuten lang köcheln, bis der Sirup dick und glänzend ist. Die Walnüsse dazugeben und vermischen, bis sie vollständig mit dem Sirup bedeckt sind. Die Nüsse auf das vorbereitete Backblech geben und zum Abkühlen beiseite stellen. Der Zucker sollte rund um die Nüsse fest werden und eine kandierte Schale bilden.

e) In einer kleinen Schüssel Mayonnaise, Kondensmilch, Reisessig und eine Prise Salz verrühren. Beiseite legen.

f) Bringen Sie das Woköl bei mittlerer bis hoher Hitze wieder auf 375 °F. Während das Öl erhitzt wird, würzen Sie die Garnelen leicht mit einer Prise Salz. In einer Rührschüssel die Garnelen mit der Maisstärke vermengen, bis sie gut bedeckt sind. Schütteln Sie die überschüssige Maisstärke in kleinen Portionen von den Garnelen ab und braten Sie sie im Öl an. Bewegen Sie die Garnelen dabei schnell im Öl, damit sie nicht zusammenkleben. Die Garnelen 2 bis 3 Minuten lang goldbraun braten.

g) In eine saubere Rührschüssel geben und die Soße darüber träufeln. Vorsichtig falten, bis die Garnelen gleichmäßig bedeckt sind. Die Garnelen auf einer Platte anrichten und mit den kandierten Walnüssen garnieren. Heiß servieren.

36. Samtmuscheln

ZUTATEN:
- 1 großes Eiweiß
- 2 Esslöffel Maisstärke
- 2 Esslöffel Shaoxing-Reiswein, geteilt
- 1 Teelöffel koscheres Salz, geteilt
- 1 Pfund frische Jakobsmuscheln, abgespült, entkernt und trocken getupft
- 3 Esslöffel Pflanzenöl, geteilt
- 1 Esslöffel helle Sojasauce
- ¼ Tasse frisch gepresster Orangensaft
- Abgeriebene Schale von 1 Orange
- Rote Paprikaflocken (optional)
- 2 Frühlingszwiebeln, nur der grüne Teil, in dünne Scheiben geschnitten, zum Garnieren

ANWEISUNGEN:
a) In einer großen Schüssel Eiweiß, Maisstärke, 1 Esslöffel Reiswein und ½ Teelöffel Salz vermischen und mit einem kleinen Schneebesen verrühren, bis sich die Maisstärke vollständig aufgelöst hat und nicht mehr klumpig ist. Die Jakobsmuscheln dazugeben und 30 Minuten im Kühlschrank lagern.

b) Die Jakobsmuscheln aus dem Kühlschrank nehmen. Einen mittelgroßen Topf mit Wasser zum Kochen bringen. 1 Esslöffel Pflanzenöl hinzufügen und zum Kochen bringen. Geben Sie die Jakobsmuscheln in das kochende Wasser und kochen Sie sie 15 bis 20 Sekunden lang unter ständigem Rühren, bis die Jakobsmuscheln gerade undurchsichtig werden (die Jakobsmuscheln werden nicht vollständig durchgegart). Übertragen Sie die Jakobsmuscheln mit einem Wok-Abschäumer auf ein mit Papiertüchern ausgelegtes Backblech und tupfen Sie sie mit Papiertüchern trocken.

c) In einem Glasmessbecher den restlichen 1 Esslöffel Reiswein, helles Soja, Orangensaft, Orangenschale und eine Prise rote Pfefferflocken (falls verwendet) vermischen und beiseite stellen.

d) Erhitzen Sie einen Wok bei mittlerer bis hoher Hitze, bis ein Tropfen Wasser brutzelt und bei Kontakt verdunstet. Gießen Sie die restlichen 2 Esslöffel Öl hinein und schwenken Sie es, um den Boden des Woks zu bedecken. Würzen Sie das Öl, indem Sie den restlichen halben Teelöffel Salz hinzufügen.

e) Die samtigen Jakobsmuscheln in den Wok geben und in der Soße schwenken. Braten Sie die Jakobsmuscheln etwa 1 Minute lang an, bis sie gar sind. Auf eine Servierplatte geben und mit den Frühlingszwiebeln garnieren.

37. Meeresfrüchte- und Gemüsepfanne mit Nudeln

ZUTATEN:
- 1 Tasse Pflanzenöl, geteilt
- 3 geschälte frische Ingwerscheiben
- Koscheres Salz
- 1 rote Paprika, in 2,5 cm große Stücke geschnitten
- 1 kleine weiße Zwiebel, in dünne, lange vertikale Streifen geschnitten
- 1 große Handvoll Zuckerschoten, ohne Fäden
- 2 große Knoblauchzehen, fein gehackt
- ½ Pfund Garnelen oder Fisch, in 2,5 cm große Stücke geschnitten
- 1 Esslöffel schwarze Bohnensauce
- ½ Pfund getrocknete Fadennudeln oder Bohnenfadennudeln

ANWEISUNGEN:

a) Erhitzen Sie einen Wok bei mittlerer bis hoher Hitze, bis ein Tropfen Wasser brutzelt und bei Kontakt verdunstet. 2 Esslöffel Öl hineingeben und verrühren, bis der Boden des Woks bedeckt ist. Würzen Sie das Öl, indem Sie die Ingwerscheiben und eine kleine Prise Salz hinzufügen. Lassen Sie den Ingwer etwa 30 Sekunden lang im Öl brutzeln und schwenken Sie ihn dabei leicht.

b) Fügen Sie die Paprika und die Zwiebel hinzu und braten Sie sie schnell an, indem Sie sie mit einem Wok-Spatel im Wok wenden und wenden.

c) Leicht mit Salz würzen und unter Rühren 4 bis 6 Minuten weiterbraten, bis die Zwiebel weich und durchscheinend aussieht. Fügen Sie die Zuckerschoten und den Knoblauch hinzu und rühren Sie um, bis der Knoblauch duftet, etwa eine weitere Minute. Das Gemüse auf einen Teller geben.

d) Einen weiteren Esslöffel Öl erhitzen und die Garnelen oder den Fisch hinzufügen. Vorsichtig umrühren und leicht mit einer kleinen Prise Salz würzen. 3 bis 4 Minuten unter Rühren braten, bis die Garnelen rosa werden oder der Fisch zu schuppen beginnt. Geben Sie das Gemüse zurück und vermischen Sie alles noch 1 Minute lang. Den Ingwer wegwerfen und die Garnelen auf eine Platte geben. Zelt mit Folie zum Warmhalten.

e) Wischen Sie den Wok aus und stellen Sie ihn wieder auf mittlere bis hohe Hitze. Gießen Sie das restliche Öl (etwa ¾ Tasse) hinein und erhitzen Sie es auf 375 °F oder bis es am Ende eines Holzlöffels Blasen wirft und brutzelt. Sobald das Öl die richtige Temperatur erreicht hat, die getrockneten Nudeln hinzufügen. Sie beginnen sofort zu blähen und steigen aus dem Öl auf. Drehen Sie die Nudelwolke mit einer Zange um, wenn Sie die Oberseite anbraten möchten, nehmen Sie sie vorsichtig aus dem Öl und geben Sie sie zum Abtropfen und Abkühlen auf einen mit Papiertüchern ausgelegten Teller.

f) Brechen Sie die Nudeln vorsichtig in kleinere Stücke und streuen Sie sie über das gebratene Gemüse und die Garnelen. Sofort servieren.

38. Ganzer gedämpfter Fisch mit Ingwer und Frühlingszwiebeln

ZUTATEN:

Für den Fisch
- 1 ganzer Weißfisch, etwa 2 Pfund, kopfüber und gereinigt
- ½ Tasse koscheres Salz zum Reinigen
- 3 Frühlingszwiebeln, in 3-Zoll-Stücke geschnitten
- 4 geschälte frische Ingwerscheiben, jede etwa so groß wie ein Viertel
- 2 Esslöffel Shaoxing-Reiswein

für die Soße
- 2 Esslöffel helle Sojasauce
- 1 Esslöffel Sesamöl
- 2 Teelöffel Zucker

Für das brutzelnde Ingweröl
- 3 Esslöffel Pflanzenöl
- 2 Esslöffel geschälter frischer Ingwer, fein in dünne Streifen geschnitten
- 2 Frühlingszwiebeln, in dünne Scheiben geschnitten
- Rote Zwiebel, in dünne Scheiben geschnitten (optional)
- Koriander (optional)

ANWEISUNGEN:

a) Reiben Sie den Fisch innen und außen mit dem koscheren Salz ein. Spülen Sie den Fisch ab und tupfen Sie ihn mit Papiertüchern trocken.

b) Auf einem Teller, der groß genug ist, um in einen Bambus-Dampfkorb zu passen, ein Bett aus jeweils der Hälfte der Frühlingszwiebeln und des Ingwers zubereiten. Legen Sie den Fisch darauf und füllen Sie die restlichen Frühlingszwiebeln und den Ingwer hinein. Den Reiswein über den Fisch gießen.

c) Spülen Sie einen Bambus-Dampfkorb und seinen Deckel unter kaltem Wasser ab und stellen Sie ihn in den Wok. Gießen Sie etwa 5 cm kaltes Wasser hinein, oder bis es etwa ¼ bis ½ Zoll über den unteren Rand des Dampfgarers reicht, aber nicht so hoch, dass das Wasser den Boden des Korbs berührt. Bringen Sie das Wasser zum Kochen.

d) Legen Sie den Teller in den Dampfgareinsatz und decken Sie ihn ab. Den Fisch 15 Minuten bei mittlerer Hitze dämpfen (pro halbes Pfund mehr 2 Minuten hinzufügen). Bevor Sie den Fisch aus dem Wok nehmen, stechen Sie mit einer Gabel in der Nähe des Kopfes in den Fisch. Wenn das Fleisch abblättert, ist es fertig. Wenn das Fruchtfleisch immer noch zusammenklebt, weitere 2 Minuten dämpfen.

e) Während der Fisch dampft, in einer kleinen Pfanne das helle Soja, das Sesamöl und den Zucker bei schwacher Hitze erwärmen und beiseite stellen.

f) Sobald der Fisch gar ist, geben Sie ihn auf eine saubere Platte. Entsorgen Sie die Kochflüssigkeit und die Aromastoffe von der Dampfplatte. Gießen Sie die warme Sojasaucenmischung über den Fisch. Zelt mit Folie, um es warm zu halten, während Sie das Öl zubereiten.

39. Gebratener Fisch mit Ingwer und Bok Choy

ZUTATEN:
- 1 großes Eiweiß
- 1 Esslöffel Shaoxing-Reiswein
- 2 Teelöffel Maisstärke
- 1 Teelöffel Sesamöl
- ½ Teelöffel helle Sojasauce
- 1 Pfund Fischfilets ohne Knochen, in 2-Zoll-Stücke geschnitten
- 4 Esslöffel Pflanzenöl, geteilt
- Koscheres Salz
- 4 geschälte frische Ingwerscheiben, etwa so groß wie ein Viertel
- 3 Köpfe Baby Pak Choi, in mundgerechte Stücke geschnitten
- 1 Knoblauchzehe, gehackt

ANWEISUNGEN:

a) In einer mittelgroßen Schüssel Eiweiß, Reiswein, Maisstärke, Sesamöl und helles Soja vermischen. Den Fisch zur Marinade geben und umrühren. 10 Minuten marinieren.

b) Erhitzen Sie einen Wok bei mittlerer bis hoher Hitze, bis ein Tropfen Wasser brutzelt und bei Kontakt verdunstet. Geben Sie 2 Esslöffel Pflanzenöl hinzu und schwenken Sie es, um den Boden des Woks zu bedecken. Würzen Sie das Öl mit einer kleinen Prise Salz und schwenken Sie es vorsichtig.

c) Den Fisch mit einem Schaumlöffel aus der Marinade nehmen und im Wok von jeder Seite etwa 2 Minuten anbraten, bis er auf beiden Seiten leicht gebräunt ist. Den Fisch auf einen Teller geben und beiseite stellen.

d) Die restlichen 2 Esslöffel Pflanzenöl in den Wok geben. Fügen Sie eine weitere Prise Salz und den Ingwer hinzu und würzen Sie das Öl unter leichtem Schwenken für 30 Sekunden. Den Pak Choi und den Knoblauch dazugeben und unter ständigem Rühren 3 bis 4 Minuten braten, bis der Pak Choi weich ist.

e) Den Fisch wieder in den Wok geben und vorsichtig mit dem Pak Choi vermengen, bis alles gut vermischt ist. Leicht mit einer weiteren Prise Salz würzen. Auf eine Platte geben, den Ingwer wegwerfen und sofort servieren.

40. Muscheln in schwarzer Bohnensauce

ZUTATEN:
- 3 Esslöffel Pflanzenöl
- 2 geschälte frische Ingwerscheiben, jede etwa so groß wie ein Viertel
- Koscheres Salz
- 2 Frühlingszwiebeln, in 5 cm lange Stücke geschnitten
- 4 große Knoblauchzehen, in dünne Scheiben geschnitten
- 2 Pfund lebende PEI-Muscheln, geschrubbt und enthaart
- 2 Esslöffel Shaoxing-Reiswein
- 2 Esslöffel schwarze Bohnensauce oder im Laden gekaufte schwarze Bohnensauce
- 2 Teelöffel Sesamöl
- ½ Bund frischer Koriander, grob gehackt

ANWEISUNGEN:

a) Erhitzen Sie einen Wok bei mittlerer bis hoher Hitze, bis ein Tropfen Wasser brutzelt und bei Kontakt verdunstet. Gießen Sie das Pflanzenöl hinein und schwenken Sie es, um den Boden des Woks zu bedecken. Würzen Sie das Öl, indem Sie die Ingwerscheiben und eine kleine Prise Salz hinzufügen. Lassen Sie den Ingwer etwa 30 Sekunden lang im Öl brutzeln und schwenken Sie ihn dabei leicht.

b) Geben Sie die Frühlingszwiebeln und den Knoblauch hinein und braten Sie alles 10 Sekunden lang oder bis die Frühlingszwiebeln welk sind.

c) Die Muscheln dazugeben und vermengen, bis sie mit dem Öl bedeckt sind. Den Reiswein über den Wokrand gießen und kurz umrühren. Abdecken und 6 bis 8 Minuten dämpfen, bis sich die Muscheln öffnen.

d) Nehmen Sie den Deckel auf, geben Sie die schwarze Bohnensauce hinzu und rühren Sie um, bis die Muscheln damit bedeckt sind. Abdecken und weitere 2 Minuten dämpfen lassen. Öffnen Sie die Schale, pflücken Sie sie durch und entfernen Sie alle Muscheln, die sich noch nicht geöffnet haben.

e) Die Muscheln mit Sesamöl beträufeln. Kurz umrühren, bis das Sesamöl duftet. Den Ingwer wegwerfen, die Muscheln auf eine Platte geben und mit dem Koriander garnieren.

41. Kokos-Curry-Krabbe

ZUTATEN:
- 2 Esslöffel Pflanzenöl
- 2 geschälte Scheiben frischer Ingwer, etwa so groß wie ein Viertel
- Koscheres Salz
- 1 Schalotte, in dünne Scheiben geschnitten
- 1 Esslöffel Currypulver
- 1 (13,5 Unzen) Dose Kokosmilch
- ¼ Teelöffel Zucker
- 1 Esslöffel Shaoxing-Reiswein
- 1 Pfund Krabbenfleisch aus der Dose, abgetropft und durchgezupft, um Schalenstücke zu entfernen
- Frisch gemahlener schwarzer Pfeffer
- ¼ Tasse gehackter frischer Koriander oder glatte Petersilie zum Garnieren
- Gekochter Reis zum Servieren

ANWEISUNGEN:
a) Erhitzen Sie einen Wok bei mittlerer bis hoher Hitze, bis ein Tropfen Wasser brutzelt und bei Kontakt verdunstet. Gießen Sie das Öl hinein und schwenken Sie es, bis es den Boden des Woks bedeckt. Würzen Sie das Öl, indem Sie die Ingwerscheiben und eine Prise Salz hinzufügen. Lassen Sie den Ingwer etwa 30 Sekunden lang im Öl brutzeln und schwenken Sie ihn dabei leicht.
b) Die Schalotte dazugeben und etwa 10 Sekunden lang anbraten. Das Currypulver hinzufügen und weitere 10 Sekunden rühren, bis es duftet.
c) Kokosmilch, Zucker und Reiswein einrühren, den Wok abdecken und 5 Minuten kochen lassen.
d) Die Krabben einrühren, mit dem Deckel abdecken und etwa 5 Minuten kochen lassen, bis sie durchgewärmt sind. Nehmen Sie den Deckel ab, würzen Sie mit Salz und Pfeffer und werfen Sie den Ingwer weg. Über eine Schüssel Reis schöpfen und mit gehacktem Koriander garnieren.

42. Frittierter Tintenfisch mit schwarzem Pfeffer

ZUTATEN:
- 3 Tassen Pflanzenöl
- 1-Pfund-Tintenfischröhren und -tentakeln, gereinigt und in ⅓-Zoll-Ringe geschnitten
- ½ Tasse Reismehl
- Koscheres Salz
- ¼ Teelöffel frisch gemahlener schwarzer Pfeffer
- ¾ Tasse Mineralwasser, eiskalt gehalten
- 2 Esslöffel grob gehackter frischer Koriander

ANWEISUNGEN:
a) Gießen Sie das Öl in den Wok. Das Öl sollte etwa 1 bis 1½ Zoll tief sein. Bringen Sie das Öl bei mittlerer bis hoher Hitze auf 375 °F. Sie können erkennen, dass das Öl die richtige Temperatur hat, wenn das Öl beim Eintauchen am Ende eines Holzlöffels Blasen wirft und zischt. Tupfen Sie den Tintenfisch mit Papiertüchern trocken.

b) Währenddessen in einer flachen Schüssel das Reismehl mit einer Prise Salz und Pfeffer verrühren. Gerade so viel Sprudelwasser einrühren, dass ein dünner Teig entsteht. Den Tintenfisch unterheben und den Tintenfisch portionsweise mit einem Wok-Schaumlöffel oder Schaumlöffel aus dem Teig heben und überschüssiges Material abschütteln. Vorsichtig in das heiße Öl eintauchen.

c) Den Tintenfisch etwa 3 Minuten kochen, bis er goldbraun und knusprig ist. Nehmen Sie die Calamari mit einem Wok-Schaumlöffel aus dem Öl, geben Sie sie auf einen mit Papiertüchern ausgelegten Teller und würzen Sie sie leicht mit Salz. Wiederholen Sie den Vorgang mit dem restlichen Tintenfisch.

d) Den Tintenfisch auf eine Platte geben und mit Koriander garnieren. Heiß servieren.

43. Frittierte Austern mit Chili-Knoblauch-Konfetti

ZUTATEN:
- 1 (16-Unzen) Behälter kleine geschälte Austern
- ½ Tasse Reismehl
- ½ Tasse Allzweckmehl, geteilt
- ½ Teelöffel Backpulver
- Koscheres Salz
- Gemahlener weißer Pfeffer
- ¼ Teelöffel Zwiebelpulver
- ¾ Tasse Mineralwasser, gekühlt
- 1 Teelöffel Sesamöl
- 3 Tassen Pflanzenöl
- 3 große Knoblauchzehen, in dünne Scheiben geschnitten
- 1 kleine rote Chilischote, fein gewürfelt
- 1 kleine grüne Chilischote, fein gewürfelt
- 1 Frühlingszwiebel, in dünne Scheiben geschnitten

ANWEISUNGEN:
a) In einer Rührschüssel Reismehl, ¼ Tasse Allzweckmehl, Backpulver, je eine Prise Salz und weißen Pfeffer sowie Zwiebelpulver verrühren. Mineralwasser und Sesamöl hinzufügen, glatt rühren und beiseite stellen.
b) Erhitzen Sie das Pflanzenöl in einem Wok bei mittlerer bis hoher Hitze auf 375 °F oder bis es am Ende eines Holzlöffels Blasen wirft und brutzelt.
c) Die Austern mit einem Papiertuch abtupfen und die restliche ¼ Tasse Allzweckmehl hineingeben. Die Austern einzeln in den Reismehlteig tauchen und vorsichtig in das heiße Öl geben.
d) Braten Sie die Austern 3 bis 4 Minuten lang oder bis sie goldbraun sind. Zum Abtropfen auf ein über einem Backblech angebrachtes Gitter zum Abkühlen geben. Leicht mit Salz bestreuen.
e) Stellen Sie die Temperatur des Öls wieder auf 375 °F und braten Sie den Knoblauch und die Chilis kurz an, bis sie knusprig, aber immer noch hell gefärbt sind (ca. 45 Sekunden). Mit einer Schaumkelle aus dem Öl heben und auf einen mit Papiertüchern ausgelegten Teller legen.
f) Die Austern auf einer Platte anrichten und mit Knoblauch und Chilis bestreuen. Mit den geschnittenen Frühlingszwiebeln garnieren und sofort servieren.

44. Kung Pao Hühnerfleisch

ZUTATEN:
- 3 Teelöffel helle Sojasauce
- 2½ Teelöffel Maisstärke
- 2 Teelöffel chinesischer schwarzer Essig
- 1 Teelöffel Shaoxing-Reiswein
- 1 Teelöffel Sesamöl
- ¾ Pfund Hähnchenschenkel ohne Knochen und ohne Haut, in 2,5 cm große Stücke geschnitten
- 2 Esslöffel Pflanzenöl
- 6 bis 8 ganze getrocknete rote Chilis
- 3 Frühlingszwiebeln, weiße und grüne Teile getrennt, in dünne Scheiben geschnitten
- 2 Knoblauchzehen, gehackt
- 1 Teelöffel geschälter, gehackter frischer Ingwer
- ¼ Tasse ungesalzene, trocken geröstete Erdnüsse

ANWEISUNGEN:

a) In einer mittelgroßen Schüssel helles Soja, Maisstärke, schwarzen Essig, Reiswein und Sesamöl verrühren, bis sich die Maisstärke aufgelöst hat. Fügen Sie das Huhn hinzu und rühren Sie es vorsichtig um, um es zu bedecken. 10 bis 15 Minuten lang marinieren oder ausreichend Zeit, um die restlichen Zutaten vorzubereiten.

b) Erhitzen Sie einen Wok bei mittlerer bis hoher Hitze, bis ein Tropfen Wasser brutzelt und bei Kontakt verdunstet. Gießen Sie das Pflanzenöl hinein und schwenken Sie es, um den Boden des Woks zu bedecken.

c) Fügen Sie die Chilis hinzu und braten Sie sie etwa 10 Sekunden lang an, oder bis sie gerade anfangen, schwarz zu werden und das Öl leicht zu duften beginnt.

d) Fügen Sie das Huhn hinzu, bewahren Sie die Marinade auf und braten Sie es 3 bis 4 Minuten lang an, bis es nicht mehr rosa ist.

e) Geben Sie die Frühlingszwiebeln, den Knoblauch und den Ingwer hinzu und braten Sie alles etwa 30 Sekunden lang an. Gießen Sie die Marinade hinein und verrühren Sie alles, bis das Hähnchen damit bedeckt ist. Die Erdnüsse dazugeben und weitere 2 bis 3 Minuten kochen lassen, bis die Sauce glänzt.

f) Auf einen Servierteller geben, mit Frühlingszwiebeln garnieren und heiß servieren.

45. Brokkoli-Hähnchen

ZUTATEN:
- 1 Esslöffel Shaoxing-Reiswein
- 2 Teelöffel helle Sojasauce
- 1 Teelöffel gehackter Knoblauch
- 1 Teelöffel Maisstärke
- ¼ Teelöffel Zucker
- ¾ Pfund Hähnchenschenkel ohne Knochen und Haut, in 2-Zoll-Stücke geschnitten
- 2 Esslöffel Pflanzenöl
- 4 geschälte frische Ingwerscheiben, etwa so groß wie ein Viertel
- Koscheres Salz
- 1 Pfund Brokkoli, in mundgerechte Röschen geschnitten
- 2 Esslöffel Wasser
- Rote Paprikaflocken (optional)
- ¼ Tasse schwarze Bohnensauce oder im Laden gekaufte schwarze Bohnensauce

ANWEISUNGEN:

a) In einer kleinen Schüssel Reiswein, helles Soja, Knoblauch, Maisstärke und Zucker vermischen. Das Hähnchen dazugeben und 10 Minuten marinieren.

b) Erhitzen Sie einen Wok bei mittlerer bis hoher Hitze, bis ein Tropfen Wasser brutzelt und bei Kontakt verdunstet. Gießen Sie das Pflanzenöl hinein und schwenken Sie es, um den Boden des Woks zu bedecken. Den Ingwer und eine Prise Salz hinzufügen. Lassen Sie den Ingwer etwa 30 Sekunden lang brutzeln und schwenken Sie ihn dabei leicht.

c) Das Hähnchen in den Wok geben und die Marinade aufheben. Das Hähnchen unter Rühren 4 bis 5 Minuten braten, bis es nicht mehr rosa ist. Brokkoli, Wasser und eine Prise rote Paprikaflocken (falls verwendet) hinzufügen und 1 Minute lang unter Rühren braten. Decken Sie den Wok ab und dämpfen Sie den Brokkoli 6 bis 8 Minuten lang, bis er knusprig und zart ist.

d) Rühren Sie die schwarze Bohnensoße etwa 2 Minuten lang ein, bis sie bedeckt und durchgewärmt ist, oder bis die Soße leicht eingedickt ist und glänzt.

e) Den Ingwer wegwerfen, auf eine Platte geben und heiß servieren.

46. Hühnchen mit Mandarinenschale

ZUTATEN:
- 3 große Eiweiße
- 2 Esslöffel Maisstärke
- 1½ Esslöffel helle Sojasauce, geteilt
- ¼ Teelöffel gemahlener weißer Pfeffer
- ¾ Pfund Hähnchenschenkel ohne Knochen und Haut, in mundgerechte Stücke geschnitten
- 3 Tassen Pflanzenöl
- 4 geschälte frische Ingwerscheiben, jede etwa so groß wie ein Viertel
- 1 Teelöffel Sichuan-Pfefferkörner, leicht gebrochen
- Koscheres Salz
- ½ gelbe Zwiebel, dünn in ¼ Zoll breite Streifen geschnitten
- Schale von 1 Mandarine, in ⅛ Zoll dicke Streifen geschnitten
- Saft von 2 Mandarinen (ca. ½ Tasse)
- 2 Teelöffel Sesamöl
- ½ Teelöffel Reisessig
- Hellbrauner Zucker
- 2 Frühlingszwiebeln, in dünne Scheiben geschnitten, zum Garnieren
- 1 Esslöffel Sesamkörner zum Garnieren

ANWEISUNGEN:

a) In einer Rührschüssel mit einer Gabel oder einem Schneebesen das Eiweiß schaumig schlagen, bis die festeren Klumpen schaumig werden. Maisstärke, 2 Teelöffel helles Soja und weißen Pfeffer unterrühren, bis alles gut vermischt ist. Das Hähnchen unterheben und 10 Minuten marinieren.

b) Gießen Sie das Öl in den Wok. Das Öl sollte etwa 1 bis 1½ Zoll tief sein. Bringen Sie das Öl bei mittlerer bis hoher Hitze auf 375 °F. Sie können erkennen, dass das Öl die richtige Temperatur hat, wenn Sie das Ende eines Holzlöffels in das Öl tauchen. Wenn das Öl rund herum sprudelt und brutzelt, ist das Öl fertig.

c) Heben Sie das Hähnchen mit einem Schaumlöffel oder einem Wok-Schaumlöffel aus der Marinade und schütteln Sie den Überschuss ab. Vorsichtig in das heiße Öl eintauchen. Braten Sie das

Hähnchen portionsweise 3 bis 4 Minuten lang oder bis das Hähnchen goldbraun und an der Oberfläche knusprig ist. Auf einen mit Papiertüchern ausgelegten Teller geben.

d) Gießen Sie alles bis auf einen Esslöffel Öl aus dem Wok und stellen Sie ihn auf mittlere bis hohe Hitze. Schwenken Sie das Öl, um den Boden des Woks zu bedecken. Würzen Sie das Öl, indem Sie Ingwer, Pfefferkörner und eine Prise Salz hinzufügen. Lassen Sie den Ingwer und die Pfefferkörner etwa 30 Sekunden lang im Öl brutzeln und dabei leicht schwenken.

e) Fügen Sie die Zwiebel hinzu und braten Sie sie unter Rühren und Wenden mit einem Wok-Spatel 2 bis 3 Minuten lang an, oder bis die Zwiebel weich und durchscheinend wird. Fügen Sie die Mandarinenschale hinzu und braten Sie sie eine weitere Minute lang oder bis sie duftet.

f) Mandarinensaft, Sesamöl, Essig und eine Prise braunen Zucker hinzufügen. Die Sauce zum Kochen bringen und etwa 6 Minuten köcheln lassen, bis sie auf die Hälfte reduziert ist. Es sollte sirupartig und sehr würzig sein. Abschmecken und bei Bedarf eine Prise Salz hinzufügen.

g) Schalten Sie den Herd aus, geben Sie das gebratene Hähnchen hinzu und vermengen Sie es, bis es mit der Soße bedeckt ist. Das Hähnchen auf eine Platte geben, den Ingwer wegwerfen und mit den geschnittenen Frühlingszwiebeln und Sesamkörnern garnieren. Heiß servieren.

47. Cashew-Hühnchen

FÜR 4 BIS 6 PERSONEN
ZUTATEN:
- 1 Esslöffel helle Sojasauce
- 2 Teelöffel Shaoxing-Reiswein
- 2 Teelöffel Maisstärke
- 1 Teelöffel Sesamöl
- ½ Teelöffel gemahlene Sichuan-Pfefferkörner
- ¾ Pfund Hähnchenschenkel ohne Knochen und Haut, in 2,5 cm große Würfel geschnitten
- 2 Esslöffel Pflanzenöl
- ½ Zoll großes Stück geschälten, fein gehackten frischen Ingwer
- Koscheres Salz
- ½ rote Paprika, in ½-Zoll-Stücke geschnitten
- 1 kleine Zucchini, in ½-Zoll-Stücke geschnitten
- 2 Knoblauchzehen, gehackt
- ½ Tasse ungesalzene, trocken geröstete Cashewnüsse
- 2 Frühlingszwiebeln, weiße und grüne Teile getrennt, in dünne Scheiben geschnitten

ANWEISUNGEN:

a) In einer mittelgroßen Schüssel helles Soja, Reiswein, Maisstärke, Sesamöl und Sichuanpfeffer verrühren. Fügen Sie das Huhn hinzu und rühren Sie es vorsichtig um, um es zu bedecken. Lassen Sie es 15 Minuten lang marinieren oder ausreichend Zeit, um die restlichen Zutaten vorzubereiten.

b) Erhitzen Sie einen Wok bei mittlerer bis hoher Hitze, bis ein Tropfen Wasser brutzelt und bei Kontakt verdunstet. Gießen Sie das Pflanzenöl hinein und schwenken Sie es, um den Boden des Woks zu bedecken. Das Öl mit Ingwer und einer Prise Salz würzen. Lassen Sie den Ingwer etwa 30 Sekunden lang im Öl brutzeln und schwenken Sie ihn dabei leicht.

c) Heben Sie das Hähnchen mit einer Zange aus der Marinade und geben Sie es in den Wok. Behalten Sie dabei die Marinade bei. Das Hähnchen unter Rühren 4 bis 5 Minuten braten, bis es nicht mehr rosa ist. Fügen Sie die rote Paprika, die Zucchini und den Knoblauch hinzu und braten Sie alles 2 bis 3 Minuten lang oder bis das Gemüse weich ist.

d) Die Marinade dazugeben und verrühren, sodass die anderen Zutaten bedeckt sind. Bringen Sie die Marinade zum Kochen und braten Sie sie 1 bis 2 Minuten lang weiter, bis die Sauce dickflüssig und glänzend wird. Die Cashewkerne einrühren und eine weitere Minute kochen lassen.

e) Auf einen Servierteller geben, mit den Frühlingszwiebeln garnieren und heiß servieren.

48. Samthuhn und Zuckerschoten

ZUTATEN:
- 2 große Eiweiße
- 2 Esslöffel Maisstärke, plus 1 Teelöffel
- ¾ Pfund Hähnchenbrust ohne Knochen und Haut
- 3½ Esslöffel Pflanzenöl, geteilt
- ⅓ Tasse natriumarme Hühnerbrühe
- 1 Esslöffel Shaoxing-Reiswein
- Koscheres Salz
- Gemahlener weißer Pfeffer
- 4 geschälte frische Ingwerscheiben
- 1 (4 Unzen) Dose Bambussprossen in Scheiben schneiden, abspülen und abtropfen lassen
- 3 Knoblauchzehen, gehackt
- ¾ Pfund Zuckererbsen oder Zuckerschoten, ohne Fäden

ANWEISUNGEN:

a) In einer Rührschüssel mit einer Gabel oder einem Schneebesen das Eiweiß schlagen, bis es schaumig ist und die festeren Eiweißklumpen schaumig werden. 2 Esslöffel Maisstärke einrühren, bis alles gut vermischt ist und keine Klumpen mehr entstehen. Hähnchen und 1 Esslöffel Pflanzenöl unterheben und marinieren.

b) In einer kleinen Schüssel Hühnerbrühe, Reiswein und den restlichen 1 Teelöffel Maisstärke verrühren und mit je einer Prise Salz und weißem Pfeffer würzen. Beiseite legen.

c) Bringen Sie einen mittelgroßen, mit Wasser gefüllten Topf bei starker Hitze zum Kochen. Fügen Sie einen halben Esslöffel Öl hinzu und reduzieren Sie die Hitze auf köcheln. Mit einem Wok-Schaumlöffel oder einem Schaumlöffel die Marinade abtropfen lassen und das Hähnchen in das kochende Wasser geben. Rühren Sie das Huhn um, damit die Stücke nicht zusammenklumpen. 40 bis 50 Sekunden kochen lassen, bis das Hähnchen außen weiß, aber noch nicht durchgegart ist. Lassen Sie das Huhn in einem Sieb abtropfen und schütteln Sie das überschüssige Wasser ab. Schütten Sie das kochende Wasser weg.

d) Erhitzen Sie einen Wok bei mittlerer bis hoher Hitze, bis ein Tropfen Wasser brutzelt und bei Kontakt verdunstet. Gießen Sie die restlichen 2 Esslöffel Öl hinein und schwenken Sie es, um den Boden des Woks zu bedecken. Das Öl mit den Ingwerscheiben und Salz würzen. Lassen Sie den Ingwer etwa 30 Sekunden lang im Öl brutzeln und schwenken Sie ihn dabei leicht.

e) Fügen Sie die Bambussprossen und den Knoblauch hinzu und vermengen Sie sie mit einem Wok-Spatel, bis sie mit Öl bedeckt sind, und kochen Sie sie etwa 30 Sekunden lang, bis sie duften. Fügen Sie die Zuckerschoten hinzu und braten Sie sie etwa 2 Minuten lang, bis sie hellgrün und knusprig zart sind. Das Hähnchen in den Wok geben und die Soßenmischung unterrühren. Zum Überziehen umrühren und 1 bis 2 Minuten weitergaren.

f) Auf eine Platte geben und den Ingwer wegwerfen. Heiß servieren.

49. Hühnchen und Gemüse mit schwarzer Bohnensauce

ZUTATEN:
- 1 Esslöffel helle Sojasauce
- 1 Teelöffel Sesamöl
- 1 Teelöffel Maisstärke
- ¾ Pfund Hähnchenschenkel ohne Knochen und Haut, in mundgerechte Stücke geschnitten
- 3 Esslöffel Pflanzenöl, geteilt
- 1 geschälte frische Ingwerscheibe, etwa so groß wie ein Viertel
- Koscheres Salz
- 1 kleine gelbe Zwiebel, in mundgerechte Stücke geschnitten
- ½ rote Paprika, in mundgerechte Stücke geschnitten
- ½ gelbe oder grüne Paprika, in mundgerechte Stücke geschnitten
- 3 Knoblauchzehen, gehackt
- ⅓ Tasse schwarze Bohnensauce oder im Laden gekaufte schwarze Bohnensauce

ANWEISUNGEN:

a) In einer großen Schüssel das helle Soja, das Sesamöl und die Maisstärke verrühren, bis sich die Maisstärke aufgelöst hat. Das Hähnchen dazugeben und mit der Marinade bestreichen. Legen Sie das Hähnchen zum Marinieren für 10 Minuten beiseite.

b) Erhitzen Sie einen Wok bei mittlerer bis hoher Hitze, bis ein Tropfen Wasser brutzelt und bei Kontakt verdunstet. Geben Sie 2 Esslöffel Pflanzenöl hinzu und schwenken Sie es, um den Boden des Woks zu bedecken. Das Öl mit Ingwer und einer Prise Salz würzen. Lassen Sie den Ingwer etwa 30 Sekunden lang im Öl brutzeln und schwenken Sie ihn dabei leicht.

c) Übertragen Sie das Huhn in den Wok und werfen Sie die Marinade weg. Lassen Sie die Stücke 2 bis 3 Minuten im Wok anbraten. Umdrehen und auf der anderen Seite weitere 1 bis 2 Minuten anbraten. Unter Rühren im Wok noch eine Minute lang schnell schwenken und schwenken. In eine saubere Schüssel umfüllen.

d) Den restlichen 1 Esslöffel Öl hinzufügen und die Zwiebeln und Paprika dazugeben. Unter Rühren 2 bis 3 Minuten lang kurz anbraten, dabei das Gemüse mit einem Wok-Spatel wenden und wenden, bis die Zwiebel durchscheinend aussieht, aber noch eine feste Konsistenz hat. Fügen Sie den Knoblauch hinzu und braten Sie ihn weitere 30 Sekunden lang an.

e) Geben Sie das Huhn wieder in den Wok und fügen Sie die schwarze Bohnensauce hinzu. Wenden und wenden, bis das Huhn und das Gemüse bedeckt sind.

f) Auf eine Platte geben, den Ingwer wegwerfen und heiß servieren.

50. Grünes Bohnenhuhn

ZUTATEN:
- ¾ Pfund Hähnchenschenkel ohne Knochen und Haut, quer zur Faser in mundgerechte Streifen geschnitten
- 3 Esslöffel Shaoxing-Reiswein, geteilt
- 2 Teelöffel Maisstärke
- Koscheres Salz
- Rote Paprikaflocken
- 3 Esslöffel Pflanzenöl, geteilt
- 4 geschälte frische Ingwerscheiben, jede etwa so groß wie ein Viertel
- ¾ Pfund grüne Bohnen, geputzt und quer diagonal halbiert
- 2 Esslöffel helle Sojasauce
- 1 Esslöffel gewürzter Reisessig
- ¼ Tasse Mandelblättchen, geröstet
- 2 Teelöffel Sesamöl

ANWEISUNGEN:

a) In einer Rührschüssel das Hähnchen mit 1 Esslöffel Reiswein, Maisstärke, einer kleinen Prise Salz und einer Prise roter Pfefferflocken vermischen. Umrühren, um das Huhn gleichmäßig zu bedecken. 10 Minuten marinieren.

b) Erhitzen Sie einen Wok bei mittlerer bis hoher Hitze, bis ein Tropfen Wasser brutzelt und bei Kontakt verdunstet. Geben Sie 2 Esslöffel Pflanzenöl hinzu und schwenken Sie es, um den Boden des Woks zu bedecken. Würzen Sie das Öl mit Ingwer und einer kleinen Prise Salz. Lassen Sie den Ingwer etwa 30 Sekunden lang im Öl brutzeln und schwenken Sie ihn dabei leicht.

c) Geben Sie das Hähnchen und die Marinade in den Wok und braten Sie es 3 bis 4 Minuten lang oder bis das Hähnchen leicht angebraten und nicht mehr rosa ist. In eine saubere Schüssel umfüllen und beiseite stellen.

d) Fügen Sie den restlichen 1 Esslöffel Pflanzenöl hinzu und braten Sie die grünen Bohnen 2 bis 3 Minuten lang oder bis sie hellgrün werden. Geben Sie das Huhn zurück in den Wok und vermischen Sie es. Fügen Sie die restlichen 2 Esslöffel Reiswein, helles Soja und Essig hinzu. Alles gut vermischen und damit bestreichen und die grünen Bohnen weitere 3 Minuten köcheln lassen, oder bis die grünen Bohnen weich sind. Den Ingwer entfernen und wegwerfen.

e) Die Mandeln hineingeben und auf eine Platte geben. Mit Sesamöl beträufeln und heiß servieren.

51. Hähnchen in Sesamsauce

ZUTATEN:
- 3 große Eiweiße
- 3 Esslöffel Maisstärke, geteilt
- 1½ Esslöffel helle Sojasauce, geteilt
- 1 Pfund Hähnchenschenkel ohne Knochen und Haut, in mundgerechte Stücke geschnitten
- 3 Tassen Pflanzenöl
- 3 geschälte frische Ingwerscheiben, jede etwa so groß wie ein Viertel
- Koscheres Salz
- Rote Paprikaflocken
- 3 Knoblauchzehen, grob gehackt
- ¼ Tasse natriumarme Hühnerbrühe
- 2 Esslöffel Sesamöl
- 2 Frühlingszwiebeln, in dünne Scheiben geschnitten, zum Garnieren
- 1 Esslöffel Sesamkörner zum Garnieren

ANWEISUNGEN:

a) In einer Rührschüssel mit einer Gabel oder einem Schneebesen das Eiweiß schlagen, bis es schaumig ist und die festeren Eiweißklumpen schaumig werden. 2 Esslöffel Maisstärke und 2 Teelöffel helles Soja verrühren, bis alles gut vermischt ist. Das Hähnchen unterheben und 10 Minuten marinieren.

b) Gießen Sie das Öl in den Wok. Das Öl sollte etwa 1 bis 1½ Zoll tief sein. Bringen Sie das Öl bei mittlerer bis hoher Hitze auf 375 °F. Sie können erkennen, dass das Öl die richtige Temperatur hat, wenn Sie das Ende eines Holzlöffels in das Öl tauchen. Wenn das Öl rund herum sprudelt und brutzelt, ist das Öl fertig.

c) Heben Sie das Hähnchen mit einem Schaumlöffel oder einem Wok-Schaumlöffel aus der Marinade und schütteln Sie den Überschuss ab. Vorsichtig in das heiße Öl eintauchen. Braten Sie das Hähnchen portionsweise 3 bis 4 Minuten lang oder bis das Hähnchen goldbraun und an der Oberfläche knusprig ist. Auf einen mit Papiertüchern ausgelegten Teller geben.

d) Gießen Sie alles bis auf einen Esslöffel Öl aus dem Wok und stellen Sie ihn auf mittlere bis hohe Hitze. Schwenken Sie das Öl, um den Boden des Woks zu bedecken. Würzen Sie das Öl, indem Sie den Ingwer und eine Prise Salz und rote Pfefferflocken hinzufügen. Lassen Sie die Ingwer- und Pfefferflocken im Öl etwa 30 Sekunden lang brutzeln und dabei leicht schwenken.

e) Fügen Sie den Knoblauch hinzu und braten Sie ihn unter Rühren und Wenden mit einem Wok-Spatel 30 Sekunden lang an. Die Hühnerbrühe, die restlichen 2½ Teelöffel helles Soja und den restlichen 1 Esslöffel Maisstärke einrühren. 4 bis 5 Minuten köcheln lassen, bis die Soße eindickt und glänzt. Das Sesamöl hinzufügen und verrühren.

f) Schalten Sie den Herd aus, geben Sie das gebratene Hähnchen hinzu und vermengen Sie es, bis es mit der Soße bedeckt ist. Den Ingwer entfernen und wegwerfen. Auf eine Platte geben und mit den geschnittenen Frühlingszwiebeln und Sesamkörnern garnieren.

52. Hühnchen süß-sauer

ZUTATEN:

- 2 Teelöffel Maisstärke und 2 Esslöffel Wasser
- 3 Esslöffel Pflanzenöl, geteilt
- 4 geschälte frische Ingwerscheiben
- ¾ Pfund Hähnchenschenkel ohne Knochen und Haut, in mundgerechte Stücke geschnitten
- ½ rote Paprika, in ½-Zoll-Stücke geschnitten
- ½ grüne Paprika, in ½-Zoll-Stücke geschnitten
- ½ gelbe Zwiebel, in ½-Zoll-Stücke geschnitten
- 1 (8 Unzen) Dose Ananasstücke, abgetropft, Saft aufgehoben
- 1 (4 Unzen) Dose geschnittene Wasserkastanien, abgetropft
- ¼ Tasse natriumarme Hühnerbrühe
- 2 Esslöffel hellbrauner Zucker
- 2 Esslöffel Apfelessig
- 2 Esslöffel Ketchup
- 1 Teelöffel Worcestershire-Sauce
- 3 Frühlingszwiebeln, in dünne Scheiben geschnitten, zum Garnieren

ANWEISUNGEN:

a) In einer kleinen Schüssel Maisstärke und Wasser verrühren und beiseite stellen.

b) Erhitzen Sie einen Wok bei mittlerer bis hoher Hitze, bis ein Tropfen Wasser brutzelt und bei Kontakt verdunstet. 2 Esslöffel Öl hineingeben und verrühren, bis der Boden des Woks bedeckt ist. Das Öl mit Ingwer und einer Prise Salz würzen. Lassen Sie den Ingwer etwa 30 Sekunden lang im Öl brutzeln und schwenken Sie ihn dabei leicht.

c) Das Hähnchen dazugeben und im Wok 2 bis 3 Minuten anbraten. Drehen Sie das Hähnchen um, wenden Sie es und braten Sie es unter Rühren noch etwa eine Minute lang, oder bis es nicht mehr rosa ist. In eine Schüssel umfüllen und beiseite stellen.

d) Den restlichen 1 Esslöffel Öl hinzufügen und verrühren. Die roten und grünen Paprika und Zwiebeln unter Rühren 3 bis 4 Minuten anbraten, bis sie weich und glasig sind. Ananas und Wasserkastanien hinzufügen und eine weitere Minute weiterbraten. Das Gemüse zum Hähnchen geben und beiseite stellen.

e) Den beiseite gestellten Ananassaft, die Hühnerbrühe, den braunen Zucker, den Essig, den Ketchup und die Worcestershire-Sauce in den Wok geben und zum Kochen bringen. Halten Sie die Hitze auf mittlerer bis hoher Stufe und kochen Sie etwa 4 Minuten lang, bis die Flüssigkeit auf die Hälfte reduziert ist.

f) Geben Sie das Hähnchen und das Gemüse wieder in den Wok und vermengen Sie es mit der Soße. Rühren Sie die Maisstärke-Wasser-Mischung kurz um und geben Sie sie in den Wok. Alles wenden und wenden, bis die Maisstärke beginnt, die Soße einzudicken und glänzend zu machen.

g) Den Ingwer wegwerfen, auf eine Platte geben, mit den Frühlingszwiebeln garnieren und heiß servieren.

53. Muh Goo Gai Pan

ZUTATEN:
- 1 Esslöffel helle Sojasauce
- 1 Esslöffel Shaoxing-Reiswein
- 2 Teelöffel Sesamöl
- ¾ Pfund Hähnchenbrust ohne Knochen und Haut, in Scheiben geschnitten
- ½ Tasse natriumarme Hühnerbrühe
- 2 Esslöffel Austernsauce
- 1 Teelöffel Zucker
- 1 Esslöffel Maisstärke
- 3 Esslöffel Pflanzenöl, geteilt
- 4 geschälte frische Ingwerscheiben
- 4 Unzen frische Champignons, in dünne Scheiben geschnitten
- 1 (4 Unzen) Dose geschnittene Bambussprossen, abgetropft
- 1 (4 Unzen) Dose geschnittene Wasserkastanien, abgetropft
- 1 Knoblauchzehe, fein gehackt

ANWEISUNGEN:

a) In einer großen Schüssel helles Soja, Reiswein und Sesamöl glatt rühren. Das Hähnchen dazugeben und vermischen. 15 Minuten marinieren.

b) In einer kleinen Schüssel Hühnerbrühe, Austernsauce, Zucker und Maisstärke verrühren, bis eine glatte Masse entsteht, und beiseite stellen.

c) Erhitzen Sie einen Wok bei mittlerer bis hoher Hitze, bis ein Tropfen Wasser brutzelt und bei Kontakt verdunstet. Geben Sie 2 Esslöffel Pflanzenöl hinzu und schwenken Sie es, um den Boden des Woks zu bedecken. Würzen Sie das Öl mit Ingwer und einer kleinen Prise Salz. Lassen Sie den Ingwer etwa 30 Sekunden lang im Öl brutzeln und schwenken Sie ihn dabei leicht.

d) Das Hähnchen dazugeben und die Marinade wegwerfen. 2 bis 3 Minuten unter Rühren braten, bis das Hähnchen nicht mehr rosa ist. In eine saubere Schüssel umfüllen und beiseite stellen.

e) Den restlichen 1 Esslöffel Pflanzenöl hinzufügen. Braten Sie die Pilze unter Rühren 3 bis 4 Minuten lang an und wenden Sie sie dabei schnell um. Sobald die Pilze trocken sind, beenden Sie das Braten und lassen Sie die Pilze etwa eine Minute lang auf dem heißen Wok ruhen.

f) Bambussprossen, Wasserkastanien und Knoblauch hinzufügen. 1 Minute lang braten, bis der Knoblauch duftet. Geben Sie das Hähnchen zurück in den Wok und vermischen Sie es.

g) Die Soße verrühren und in den Wok geben. Unter Rühren anbraten und kochen, bis die Sauce zu kochen beginnt, etwa 45 Sekunden. Rühren und wenden Sie weiter, bis die Soße eindickt und glänzt. Den Ingwer entfernen und wegwerfen.

54. Ei Foo Yong

ZUTATEN:
- 5 große Eier, zimmerwarm
- Koscheres Salz
- Gemahlener weißer Pfeffer
- ½ Tasse dünn geschnittene Shiitake-Pilzkappen
- ½ Tasse gefrorene Erbsen, aufgetaut
- 2 Frühlingszwiebeln, gehackt
- 2 Teelöffel Sesamöl
- ½ Tasse natriumarme Hühnerbrühe
- 1½ Esslöffel Austernsauce
- 1 Esslöffel Shaoxing-Reiswein
- ½ Teelöffel Zucker
- 2 Esslöffel helle Sojasauce
- 1 Esslöffel Maisstärke
- 3 Esslöffel Pflanzenöl
- Gekochter Reis zum Servieren

ANWEISUNGEN:

a) In einer großen Schüssel die Eier mit je einer Prise Salz und weißem Pfeffer verquirlen. Pilze, Erbsen, Frühlingszwiebeln und Sesamöl unterrühren. Beiseite legen.

b) Bereiten Sie die Soße zu, indem Sie Hühnerbrühe, Austernsoße, Reiswein und Zucker in einem kleinen Topf bei mittlerer Hitze köcheln lassen. In einem kleinen Messbecher aus Glas die helle Soja- und Maisstärke verrühren, bis sich die Maisstärke vollständig aufgelöst hat. Gießen Sie die Maisstärkemischung unter ständigem Rühren in die Sauce und kochen Sie sie 3 bis 4 Minuten lang, bis die Sauce dick genug ist, um die Rückseite des Löffels zu bedecken. Abdecken und beiseite stellen.

c) Erhitzen Sie einen Wok bei mittlerer bis hoher Hitze, bis ein Tropfen Wasser brutzelt und bei Kontakt verdunstet. Gießen Sie das Pflanzenöl hinein und schwenken Sie es, um den Boden des Woks zu bedecken. Fügen Sie die Eimischung hinzu und kochen Sie den Wok unter Schwenken und Schütteln, bis die Unterseite goldbraun ist. Schieben Sie das Omelett aus der Pfanne auf einen Teller und drehen Sie es über den Wok oder drehen Sie es mit einem Spatel um, um die andere Seite goldbraun zu braten. Schieben Sie das Omelett auf eine Servierplatte und servieren Sie es mit gekochtem Reis und einem Löffel Soße.

55. Tomaten-Ei-Pfanne

ZUTATEN:
- 4 große Eier, zimmerwarm
- 1 Teelöffel Shaoxing-Reiswein
- ½ Teelöffel Sesamöl
- ½ Teelöffel koscheres Salz
- Frisch gemahlener schwarzer Pfeffer
- 3 Esslöffel Pflanzenöl, geteilt
- 2 geschälte frische Ingwerscheiben, jede etwa so groß wie ein Viertel
- 1 Pfund Trauben- oder Kirschtomaten
- 1 Teelöffel Zucker
- Gekochter Reis oder Nudeln zum Servieren

ANWEISUNGEN:

a) In einer großen Schüssel die Eier verquirlen. Reiswein, Sesamöl, Salz und eine Prise Pfeffer hinzufügen und weiterrühren, bis alles gut vermischt ist.

b) Erhitzen Sie einen Wok bei mittlerer bis hoher Hitze, bis ein Tropfen Wasser brutzelt und bei Kontakt verdunstet. Geben Sie 2 Esslöffel Pflanzenöl hinzu und schwenken Sie es, um den Boden des Woks zu bedecken. Die Eiermischung in den heißen Wok schwenken. Rühren und schütteln Sie die Eier zum Kochen. Geben Sie die Eier auf einen Servierteller, wenn sie gerade gekocht, aber noch nicht trocken sind. Zelt mit Folie zum Warmhalten.

c) Den restlichen 1 Esslöffel Pflanzenöl in den Wok geben. Das Öl mit Ingwer und einer Prise Salz würzen. Lassen Sie den Ingwer etwa 30 Sekunden lang im Öl brutzeln und schwenken Sie ihn dabei leicht.

d) Geben Sie die Tomaten und den Zucker hinzu und rühren Sie um, bis alles mit dem Öl bedeckt ist. Abdecken und unter gelegentlichem Rühren etwa 5 Minuten kochen lassen, bis die Tomaten weich sind und ihren Saft abgegeben haben. Die Ingwerscheiben wegwerfen und die Tomaten mit Salz und Pfeffer würzen.

e) Die Tomaten über die Eier geben und über gekochtem Reis oder Nudeln servieren.

56. Garnelen und Rührei

ZUTATEN:
- 2 Esslöffel koscheres Salz, plus mehr zum Würzen
- 2 Esslöffel Zucker
- 2 Tassen kaltes Wasser
- 6 Unzen mittelgroße Garnelen (U41–50), geschält und entdarmt
- 4 große Eier, zimmerwarm
- ½ Teelöffel Sesamöl
- Frisch gemahlener schwarzer Pfeffer
- 2 Esslöffel Pflanzenöl, geteilt
- 2 geschälte frische Ingwerscheiben, jede etwa so groß wie ein Viertel
- 2 Knoblauchzehen, in dünne Scheiben geschnitten
- 1 Bund Schnittlauch, in ½-Zoll-Stücke geschnitten

ANWEISUNGEN:

a) In einer großen Schüssel Salz und Zucker mit dem Wasser verrühren, bis sie sich auflösen. Geben Sie die Garnelen in die Salzlake. Abdecken und 10 Minuten kühl stellen.

b) Die Garnelen in einem Sieb abtropfen lassen und abspülen. Entsorgen Sie die Salzlösung. Die Garnelen auf einem mit Papiertüchern ausgelegten Backblech verteilen und trocken tupfen.

c) In einer anderen großen Schüssel die Eier mit dem Sesamöl und jeweils einer Prise Salz und Pfeffer verquirlen, bis alles gut vermischt ist. Beiseite legen.

d) Erhitzen Sie einen Wok bei mittlerer bis hoher Hitze, bis ein Tropfen Wasser brutzelt und bei Kontakt verdunstet. 1 Esslöffel Pflanzenöl hineingeben und verrühren, bis der Boden des Woks bedeckt ist. Das Öl mit Ingwer und einer Prise Salz würzen. Lassen Sie den Ingwer etwa 30 Sekunden lang im Öl brutzeln und schwenken Sie ihn dabei leicht.

e) Fügen Sie den Knoblauch hinzu und braten Sie ihn kurz etwa 10 Sekunden lang an, um dem Öl Aroma zu verleihen. Lassen Sie den Knoblauch nicht braun oder anbrennen. Fügen Sie die Garnelen hinzu und braten Sie sie etwa 2 Minuten lang an, bis sie rosa werden. Auf einen Teller geben und den Ingwer wegwerfen.

f) Stellen Sie den Wok wieder auf den Herd und geben Sie den restlichen 1 Esslöffel Pflanzenöl hinzu. Wenn das Öl heiß ist, schwenken Sie die Eimischung in den Wok. Rühren und schütteln Sie die Eier zum Kochen. Geben Sie den Schnittlauch in die Pfanne und kochen Sie weiter, bis die Eier gar, aber nicht trocken sind. Geben Sie die Garnelen wieder in die Pfanne und vermischen Sie sie. Auf einen Servierteller geben.

57. Herzhafte gedämpfte Eiercreme

ZUTATEN:
- 4 große Eier, zimmerwarm
- 1¾ Tassen natriumarme Hühnerbrühe oder gefiltertes Wasser
- 2 Teelöffel Shaoxing-Reiswein
- ½ Teelöffel koscheres Salz
- 2 Frühlingszwiebeln, nur der grüne Teil, in dünne Scheiben geschnitten
- 4 Teelöffel Sesamöl

ANWEISUNGEN:

a) In einer großen Schüssel die Eier verquirlen. Brühe und Reiswein hinzufügen und verrühren. Die Eimischung durch ein feinmaschiges Sieb über einem Flüssigkeitsmessbecher abseihen, um Luftblasen zu entfernen. Gießen Sie die Eimischung in 4 (6 Unzen) Auflaufförmchen. Entfernen Sie mit einem Gemüsemesser eventuelle Blasen auf der Oberfläche der Eimischung. Decken Sie die Auflaufförmchen mit Aluminiumfolie ab.

b) Spülen Sie einen Bambus-Dampfkorb und seinen Deckel unter kaltem Wasser ab und stellen Sie ihn in den Wok. Gießen Sie 5 cm Wasser ein, oder bis es ¼ bis ½ Zoll über den unteren Rand des Dampfgarers reicht, aber nicht so viel, dass es den Boden des Korbs berührt. Legen Sie die Auflaufförmchen in den Dampfgareinsatz. Mit dem Deckel abdecken.

c) Bringen Sie das Wasser zum Kochen und reduzieren Sie dann die Hitze auf eine niedrige Stufe. Bei schwacher Hitze etwa 10 Minuten lang dämpfen oder bis die Eier gerade fest sind.

d) Nehmen Sie die Auflaufförmchen vorsichtig aus dem Dampfgarer und garnieren Sie jeden Pudding mit einigen Frühlingszwiebeln und ein paar Tropfen Sesamöl. Sofort servieren.

58. Chinesische gebratene Hähnchenflügel zum Mitnehmen

ZUTATEN:
- 10 ganze Hähnchenflügel, gewaschen und trocken tupfen
- ⅛ Teelöffel schwarzer Pfeffer
- ¼ Teelöffel weißer Pfeffer
- ¼ Teelöffel Knoblauchpulver
- 1 Teelöffel Salz
- ½ Teelöffel Zucker
- 1 Esslöffel Sojasauce
- 1 Esslöffel Shaoxing-Wein
- 1 Teelöffel Sesamöl
- 1 Ei
- 1 Esslöffel Maisstärke
- 2 Esslöffel Mehl
- Öl zum braten

ANWEISUNGEN:

a) Alle Zutaten (außer dem Frittieröl natürlich) in einer großen Rührschüssel vermischen. Alles vermischen, bis die Flügel gut bedeckt sind.

b) Lassen Sie die Flügel zwei Stunden lang bei Raumtemperatur oder über Nacht im Kühlschrank marinieren, um optimale Ergebnisse zu erzielen.

c) Wenn Sie nach dem Marinieren den Eindruck haben, dass sich Flüssigkeit in den Flügeln befindet, mischen Sie sie noch einmal gründlich durch. Die Flügel sollten gut mit einer dünnen, teigartigen Schicht überzogen sein. Wenn es immer noch zu wässrig aussieht, fügen Sie noch etwas Maisstärke und Mehl hinzu.

d) Füllen Sie einen mittelgroßen Topf etwa zu ⅔ mit Öl und erhitzen Sie ihn auf 325 Grad F.

e) Braten Sie die Flügel in kleinen Portionen 5 Minuten lang an und legen Sie sie in ein mit Papiertüchern ausgelegtes Blech. Nachdem alle Flügel frittiert sind, geben Sie sie portionsweise in das Öl zurück und braten Sie sie erneut 3 Minuten lang.

f) Auf Papiertüchern oder einem Kühlregal abtropfen lassen und mit scharfer Soße servieren!

59. Thai-Basilikum-Hähnchen

FÜR 4 PERSONEN
ZUTATEN:
- 3 bis 4 Esslöffel Öl
- 3 Thai-Vogel- oder Holland-Chilis
- 3 Schalotten, in dünne Scheiben geschnitten
- 5 Knoblauchzehen, in Scheiben geschnitten
- 1 Pfund gemahlenes Hühnchen
- 2 Teelöffel Zucker oder Honig
- 2 Esslöffel Sojasauce
- 1 Esslöffel Fischsauce
- ⅓ Tasse natriumarme Hühnerbrühe oder Wasser
- 1 Bund heiliges Basilikum oder Thai-Basilikumblätter

ANWEISUNGEN:
a) In einem Wok bei starker Hitze Öl, Chilis, Schalotten und Knoblauch hinzufügen und 1–2 Minuten braten.

b) Fügen Sie das zerkleinerte Hähnchen hinzu und braten Sie es 2 Minuten lang an, wobei Sie das Hähnchen in kleine Stücke zerteilen.

c) Zucker, Sojasauce und Fischsauce hinzufügen. Eine weitere Minute unter Rühren braten und die Pfanne mit der Brühe ablöschen. Da Ihre Pfanne zu stark erhitzt wird, sollte die Flüssigkeit sehr schnell verkochen.

d) Das Basilikum dazugeben und unter Rühren anbraten, bis es zusammenfällt.

e) Über Reis servieren.

60. Geschmorter Schweinebauch

ZUTATEN:
- 3/4 Pfund magerer Schweinebauch, mit Haut
- 2 Esslöffel Öl
- 1 Esslöffel Zucker (vorzugsweise Kandiszucker, falls vorhanden)
- 3 Esslöffel Shaoxing-Wein
- 1 Esslöffel normale Sojasauce
- ½ Esslöffel dunkle Sojasauce
- 2 Tassen Wasser

ANWEISUNGEN:

a) Schneiden Sie zunächst Ihren Schweinebauch in ¾ Zoll dicke Stücke.

b) Bringen Sie einen Topf Wasser zum Kochen. Die Schweinebauchstücke einige Minuten blanchieren. Dadurch werden Verunreinigungen entfernt und der Garvorgang gestartet. Das Schweinefleisch aus dem Topf nehmen, abspülen und beiseite stellen.

c) Bei schwacher Hitze Öl und Zucker in den Wok geben. Den Zucker leicht schmelzen und das Schweinefleisch dazugeben. Erhöhen Sie die Hitze auf mittlere Stufe und kochen Sie, bis das Schweinefleisch leicht gebräunt ist.

d) Reduzieren Sie die Hitze wieder auf eine niedrige Stufe und geben Sie Shaoxing-Kochwein, normale Sojasauce, dunkle Sojasauce und Wasser hinzu.

e) Abdecken und etwa 45 Minuten bis 1 Stunde köcheln lassen, bis das Schweinefleisch gabelweich ist. Alle 5-10 Minuten umrühren, um ein Anbrennen zu verhindern, und mehr Wasser hinzufügen, wenn es zu trocken wird.

f) Sobald das Schweinefleisch zart ist und noch viel Flüssigkeit sichtbar ist, decken Sie den Wok ab, erhöhen Sie die Hitze und rühren Sie ständig um, bis die Soße eine glitzernde Schicht bildet.

61. Tomaten-Rindfleisch-Pfanne

ZUTATEN:
- ¾ Pfund Flank- oder Rocksteak, gegen die Faserrichtung in ¼ Zoll dicke Scheiben schneiden
- 1½ Esslöffel Maisstärke, geteilt
- 1 Esslöffel Shaoxing-Reiswein
- Koscheres Salz
- Gemahlener weißer Pfeffer
- 1 Esslöffel Tomatenmark
- 2 Esslöffel helle Sojasauce
- 1 Teelöffel Sesamöl
- 1 Teelöffel Zucker
- 2 Esslöffel Wasser
- 2 Esslöffel Pflanzenöl
- 4 geschälte frische Ingwerscheiben, jede etwa so groß wie ein Viertel
- 1 große Schalotte, in dünne Scheiben geschnitten
- 2 Knoblauchzehen, fein gehackt
- 5 große Tomaten, jede in 6 Spalten geschnitten
- 2 Frühlingszwiebeln, weiße und grüne Teile getrennt, in dünne Scheiben geschnitten

ANWEISUNGEN:

a) In einer kleinen Schüssel das Rindfleisch mit 1 Esslöffel Maisstärke, Reiswein und je einer kleinen Prise Salz und weißem Pfeffer vermischen. 10 Minuten beiseite stellen.

b) In einer anderen kleinen Schüssel den restlichen halben Esslöffel Maisstärke, Tomatenmark, helles Soja, Sesamöl, Zucker und Wasser verrühren. Beiseite legen.

c) Erhitzen Sie einen Wok bei mittlerer bis hoher Hitze, bis ein Tropfen Wasser brutzelt und bei Kontakt verdunstet. Gießen Sie das Pflanzenöl hinein und schwenken Sie es, um den Boden des Woks zu bedecken. Das Öl mit Ingwer und einer Prise Salz würzen. Lassen Sie den Ingwer etwa 30 Sekunden lang im Öl brutzeln und schwenken Sie ihn dabei leicht.

d) Geben Sie das Rindfleisch in den Wok und braten Sie es 3 bis 4 Minuten lang an, bis es nicht mehr rosa ist. Schalotte und Knoblauch hinzufügen und 1 Minute lang anbraten. Tomaten und Frühlingszwiebeln hinzufügen und unter Rühren weiterbraten.

e) Die Soße einrühren und unter Rühren 1 bis 2 Minuten weiterbraten, oder bis das Rindfleisch und die Tomaten bedeckt sind und die Soße leicht eingedickt ist.

f) Den Ingwer wegwerfen, auf eine Platte geben und mit den Frühlingszwiebeln garnieren. Heiß servieren.

62. Rindfleisch und Brokkoli

ZUTATEN:
- ¾ Pfund Rocksteak, quer zur Faser in ¼ Zoll dicke Scheiben schneiden
- 1 Esslöffel Backpulver
- 1 Esslöffel Maisstärke
- 4 Esslöffel Wasser, geteilt
- 2 Esslöffel Austernsauce
- 2 Esslöffel Shaoxing-Reiswein
- 2 Teelöffel hellbrauner Zucker
- 1 Esslöffel Hoisinsauce
- 2 Esslöffel Pflanzenöl
- 4 geschälte frische Ingwerscheiben, etwa so groß wie ein Viertel
- Koscheres Salz
- 1 Pfund Brokkoli, in mundgerechte Röschen geschnitten
- 2 Knoblauchzehen, fein gehackt

ANWEISUNGEN:

a) In einer kleinen Schüssel das Rindfleisch und das Backpulver zum Überziehen vermischen. 10 Minuten beiseite stellen. Spülen Sie das Rindfleisch gründlich ab und tupfen Sie es anschließend mit Papiertüchern trocken.

b) In einer anderen kleinen Schüssel die Maisstärke mit 2 Esslöffeln Wasser verrühren und Austernsauce, Reiswein, braunen Zucker und Hoisinsauce untermischen. Beiseite legen.

c) Erhitzen Sie einen Wok bei mittlerer bis hoher Hitze, bis ein Tropfen Wasser brutzelt und bei Kontakt verdunstet. Gießen Sie das Öl hinein und schwenken Sie es, bis es den Boden des Woks bedeckt. Das Öl mit Ingwer und einer Prise Salz würzen. Lassen Sie den Ingwer etwa 30 Sekunden lang im Öl brutzeln und schwenken Sie ihn dabei leicht. Das Rindfleisch in den Wok geben und unter Rühren 3 bis 4 Minuten braten, bis es nicht mehr rosa ist. Das Rindfleisch in eine Schüssel geben und beiseite stellen.

d) Brokkoli und Knoblauch dazugeben und 1 Minute lang anbraten, dann die restlichen 2 Esslöffel Wasser hinzufügen. Decken Sie den Wok ab und dämpfen Sie den Brokkoli 6 bis 8 Minuten lang, bis er knusprig und zart ist.

e) Geben Sie das Rindfleisch wieder in den Wok und rühren Sie die Sauce 2 bis 3 Minuten lang ein, bis es vollständig bedeckt ist und die Sauce leicht eingedickt ist. Den Ingwer wegwerfen, auf eine Platte geben und heiß servieren.

63. Gebratenes Rindfleisch mit schwarzem Pfeffer

ZUTATEN:
- 1 Esslöffel Austernsauce
- 1 Esslöffel Shaoxing-Reiswein
- 2 Teelöffel Maisstärke
- 2 Teelöffel helle Sojasauce
- Gemahlener weißer Pfeffer
- ¼ Teelöffel Zucker
- ¾ Pfund Rinderfiletspitzen oder Roastbeefspitzen, in 1-Zoll-Stücke geschnitten
- 3 Esslöffel Pflanzenöl
- 3 geschälte frische Ingwerscheiben, jede etwa so groß wie ein Viertel
- Koscheres Salz
- 1 grüne Paprika, in ½ Zoll breite Streifen geschnitten
- 1 kleine rote Zwiebel, in dünne Streifen geschnitten
- 1 Teelöffel frisch gemahlener schwarzer Pfeffer oder mehr nach Geschmack
- 2 Teelöffel Sesamöl

ANWEISUNGEN:

a) In einer Rührschüssel Austernsauce, Reiswein, Maisstärke, helles Soja, eine Prise weißen Pfeffer und Zucker verrühren. Das Rindfleisch darin wenden und 10 Minuten lang marinieren.

b) Erhitzen Sie einen Wok bei mittlerer bis hoher Hitze, bis ein Tropfen Wasser brutzelt und bei Kontakt verdunstet. Gießen Sie das Pflanzenöl hinein und schwenken Sie es, um den Boden des Woks zu bedecken. Den Ingwer und eine Prise Salz hinzufügen. Lassen Sie den Ingwer etwa 30 Sekunden lang im Öl brutzeln und schwenken Sie ihn dabei leicht.

c) Übertragen Sie das Rindfleisch mit einer Zange in den Wok und entsorgen Sie die restliche Marinade. 1 bis 2 Minuten im Wok anbraten, oder bis sich eine braune Kruste bildet. Das Rindfleisch umdrehen und auf der anderen Seite weitere 2 Minuten anbraten. Unter Rühren im Wok weitere 1 bis 2 Minuten schwenken und schwenken, dann das Rindfleisch in eine saubere Schüssel geben.

d) Paprika und Zwiebeln dazugeben und 2 bis 3 Minuten unter Rühren anbraten, bis das Gemüse glänzend und zart aussieht. Geben Sie das Rindfleisch wieder in den Wok, fügen Sie den schwarzen Pfeffer hinzu und braten Sie es noch eine Minute lang unter Rühren an.

e) Den Ingwer wegwerfen, auf eine Platte geben und das Sesamöl darüber träufeln. Heiß servieren.

64. Sesam-Rindfleisch

ZUTATEN:
- 1 Esslöffel helle Sojasauce
- 2 Esslöffel Sesamöl, geteilt
- 2 Teelöffel Maisstärke, geteilt
- 1-Pfund-Kleiderbügel, Rock oder flaches Eisensteak, in ¼ Zoll dicke Streifen geschnitten
- ½ Tasse frisch gepresster Orangensaft
- ½ Teelöffel Reisessig
- 1 Teelöffel Sriracha (optional)
- 1 Teelöffel hellbrauner Zucker
- Koscheres Salz
- Frisch gemahlener schwarzer Pfeffer
- 3 Esslöffel Pflanzenöl, geteilt
- 4 geschälte frische Ingwerscheiben, jede etwa so groß wie ein Viertel
- 1 kleine gelbe Zwiebel, in dünne Scheiben geschnitten
- 3 Knoblauchzehen, gehackt
- ½ Esslöffel weiße Sesamkörner zum Garnieren

ANWEISUNGEN:

a) In einer großen Schüssel das helle Soja, 1 Esslöffel Sesamöl und 1 Teelöffel Maisstärke verrühren, bis sich die Maisstärke aufgelöst hat. Das Rindfleisch dazugeben und mit der Marinade bestreichen. Während der Zubereitung der Soße 10 Minuten lang marinieren lassen.

b) In einem Messbecher aus Glas den Orangensaft, den restlichen 1 Esslöffel Sesamöl, Reisessig, Sriracha (falls verwendet), braunen Zucker, den restlichen 1 Teelöffel Maisstärke und je eine Prise Salz und Pfeffer verrühren. Rühren, bis sich die Maisstärke aufgelöst hat, und beiseite stellen.

c) Erhitzen Sie einen Wok bei mittlerer bis hoher Hitze, bis ein Tropfen Wasser brutzelt und bei Kontakt verdunstet. Geben Sie 2 Esslöffel Pflanzenöl hinzu und schwenken Sie es, um den Boden des Woks zu bedecken. Das Öl mit Ingwer und einer Prise Salz würzen. Lassen Sie den Ingwer etwa 30 Sekunden lang im Öl brutzeln und schwenken Sie ihn dabei leicht.

d) Übertragen Sie das Rindfleisch mit einer Zange in den Wok und entsorgen Sie die Marinade. Lassen Sie die Stücke 2 bis 3 Minuten im Wok anbraten. Umdrehen und auf der anderen Seite weitere 1 bis 2 Minuten anbraten. Unter Rühren im Wok noch eine Minute lang schnell schwenken und schwenken. In eine saubere Schüssel umfüllen.

e) Den restlichen 1 Esslöffel Pflanzenöl hinzufügen und die Zwiebel hinzufügen. Die Zwiebel kurz unter Rühren mit einem Wok-Spatel 2 bis 3 Minuten lang anbraten, bis die Zwiebel durchscheinend aussieht, aber noch eine feste Konsistenz hat. Fügen Sie den Knoblauch hinzu und braten Sie ihn weitere 30 Sekunden lang an.

f) Die Soße einrühren und weiterkochen, bis die Soße einzudicken beginnt. Geben Sie das Rindfleisch wieder in den Wok und schwenken Sie es, sodass Rindfleisch und Zwiebeln mit Soße bedeckt sind. Mit Salz und Pfeffer abschmecken.

g) Auf eine Platte geben, den Ingwer wegwerfen, mit den Sesamkörnern bestreuen und heiß servieren.

65. mongolisches Rindfleisch

ZUTATEN:

- 2 Esslöffel Shaoxing-Reiswein
- 1 Esslöffel dunkle Sojasauce
- 1 Esslöffel Maisstärke, geteilt
- ¾-Pfund-Flanksteak, gegen die Faser in ¼ Zoll dicke Scheiben schneiden
- ¼ Tasse natriumarme Hühnerbrühe
- 1 Esslöffel hellbrauner Zucker
- 1 Tasse Pflanzenöl
- 4 oder 5 ganze getrocknete rote chinesische Chilis
- 4 Knoblauchzehen, grob gehackt
- 1 Teelöffel geschälter, fein gehackter frischer Ingwer
- ½ gelbe Zwiebel, in dünne Scheiben geschnitten
- 2 Esslöffel grob gehackter frischer Koriander

ANWEISUNGEN:

a) In einer Rührschüssel Reiswein, dunkles Soja und 1 Esslöffel Maisstärke verrühren. Das in Scheiben geschnittene Flanksteak dazugeben und vermischen. Beiseite stellen und 10 Minuten marinieren.

b) Gießen Sie das Öl in einen Wok und erhitzen Sie es bei mittlerer bis hoher Hitze auf 375 °F. Sie können erkennen, dass das Öl die richtige Temperatur hat, wenn Sie das Ende eines Holzlöffels in das Öl tauchen. Wenn das Öl rund herum sprudelt und brutzelt, ist das Öl fertig.

c) Heben Sie das Rindfleisch aus der Marinade und bewahren Sie die Marinade auf. Das Rindfleisch in das Öl geben und 2 bis 3 Minuten braten, bis eine goldene Kruste entsteht. Geben Sie das Rindfleisch mit einem Wok-Skimmer in eine saubere Schüssel und stellen Sie es beiseite. Hühnerbrühe und braunen Zucker in die Marinadenschüssel geben und verrühren.

d) Gießen Sie alles bis auf einen Esslöffel Öl aus dem Wok und stellen Sie ihn auf mittlere bis hohe Hitze. Chilischoten, Knoblauch und Ingwer hinzufügen. Lassen Sie die Aromen etwa 10 Sekunden lang im Öl brutzeln und schwenken Sie dabei leicht.

e) Fügen Sie die Zwiebel hinzu und braten Sie sie 1 bis 2 Minuten lang oder bis die Zwiebel weich und durchscheinend ist. Die Hühnerbrühe-Mischung hinzufügen und vermengen. Etwa 2 Minuten köcheln lassen, dann das Rindfleisch dazugeben und alles weitere 30 Sekunden vermischen.

f) Auf eine Platte geben, mit Koriander garnieren und heiß servieren.

66. Sichuan-Rindfleisch mit Sellerie und Karotten

ZUTATEN:
- 2 Esslöffel Shaoxing-Reiswein
- 1 Esslöffel dunkle Sojasauce
- 2 Teelöffel Sesamöl
- ¾ Pfund Flanken- oder Rocksteak, gegen den Strich geschnitten
- 1 Esslöffel Hoisinsauce
- 2 Teelöffel helle Sojasauce
- 2 Esslöffel Maisstärke, geteilt
- ¼ Teelöffel chinesisches Fünf-Gewürze-Pulver
- 1 Teelöffel Sichuan-Pfefferkörner, zerstoßen
- 4 geschälte frische Ingwerscheiben
- 3 Knoblauchzehen, leicht zerdrückt
- 2 Selleriestangen, in 3-Zoll-Streifen geschnitten
- 1 große Karotte, geschält und in 3-Zoll-Streifen geschnitten
- 2 Frühlingszwiebeln, in dünne Scheiben geschnitten

ANWEISUNGEN:

a) In einer Rührschüssel Reiswein, dunkles Soja und Sesamöl verrühren.

b) Das Rindfleisch dazugeben und vermischen. 10 Minuten beiseite stellen.

c) In einer kleinen Schüssel Hoisinsauce, helles Soja, Wasser, 1 Esslöffel Maisstärke und Fünf-Gewürze-Pulver vermischen. Beiseite legen.

d) Erhitzen Sie einen Wok bei mittlerer bis hoher Hitze, bis ein Tropfen Wasser brutzelt und bei Kontakt verdunstet. Gießen Sie das Pflanzenöl hinein und schwenken Sie es, um den Boden des Woks zu bedecken. Würzen Sie das Öl, indem Sie Pfefferkörner, Ingwer und Knoblauch hinzufügen. Lassen Sie die Aromen etwa 10 Sekunden lang im Öl brutzeln und schwenken Sie dabei leicht.

e) Das Rindfleisch mit dem restlichen 1 Esslöffel Maisstärke bestreichen und in den Wok geben. Braten Sie das Rindfleisch 1 bis 2 Minuten lang an der Seite des Woks an, oder bis sich eine goldbraune Kruste bildet. Wenden und auf der anderen Seite noch eine Minute anbraten. Weitere ca. 2 Minuten wenden und wenden, bis das Rindfleisch nicht mehr rosa ist.

f) Schieben Sie das Rindfleisch an den Rand des Woks und geben Sie Sellerie und Karotte in die Mitte. Weitere 2 bis 3 Minuten unter Rühren braten, bis das Gemüse weich ist. Rühren Sie die Hoisin-Sauce-Mischung um und gießen Sie sie in den Wok. Unter Rühren weiterbraten und das Rindfleisch und das Gemüse 1 bis 2 Minuten lang mit der Soße bestreichen, bis die Soße einzudicken beginnt und glänzt. Ingwer und Knoblauch entfernen und wegwerfen.

67. Hoisin-Rindersalatbecher

ZUTATEN:

- ¾ Pfund Rinderhackfleisch
- 2 Teelöffel Maisstärke
- Koscheres Salz
- Frisch gemahlener schwarzer Pfeffer
- 3 Esslöffel Pflanzenöl, geteilt
- 1 Esslöffel geschälter, fein gehackter Ingwer
- 2 Knoblauchzehen, fein gehackt
- 1 Karotte, geschält und in Julienne geschnitten
- 1 (4 Unzen) Dose gewürfelte Wasserkastanien, abgetropft und abgespült
- 2 Esslöffel Hoisinsauce
- 3 Frühlingszwiebeln, weiße und grüne Teile getrennt, in dünne Scheiben geschnitten
- 8 breite Eisbergsalatblätter (oder Bibb-Salat), zu sauberen runden Tassen geschnitten

ANWEISUNGEN:

a) In einer Schüssel das Rindfleisch mit Maisstärke und je einer Prise Salz und Pfeffer bestreuen. Zum Kombinieren gut vermischen.

b) Erhitzen Sie einen Wok bei mittlerer bis hoher Hitze, bis eine Wasserperle brutzelt und bei Kontakt verdunstet. 2 Esslöffel Öl hineingeben und verrühren, bis der Boden des Woks bedeckt ist. Fügen Sie das Rindfleisch hinzu und bräunen Sie es auf beiden Seiten an. Wenden Sie es dann und zerkleinern Sie es 3 bis 4 Minuten lang in Krümel und Klümpchen, bis das Rindfleisch nicht mehr rosa ist. Das Rindfleisch in eine saubere Schüssel geben und beiseite stellen.

c) Wischen Sie den Wok sauber und stellen Sie ihn wieder auf mittlere Hitze. Den restlichen 1 Esslöffel Öl hinzufügen und Ingwer und Knoblauch mit einer Prise Salz kurz anbraten. Sobald der Knoblauch duftet, geben Sie die Karotte und die Wasserkastanien 2 bis 3 Minuten lang hinein, bis die Karotte weich ist. Reduzieren Sie die Hitze auf mittlere Stufe, legen Sie das Rindfleisch wieder in den Wok und vermengen Sie es mit der Hoisinsauce und den Frühlingszwiebeln. Etwa weitere 45 Sekunden vermischen.

d) Verteilen Sie die Salatblätter (2 pro Teller) und verteilen Sie die Rindfleischmischung gleichmäßig auf den Salatblättern. Mit den Frühlingszwiebeln garnieren und wie einen weichen Taco essen.

68. Gebratene Schweinekoteletts mit Zwiebeln

ZUTATEN:
- 4 Schweinekoteletts ohne Knochen
- 1 Esslöffel Shaoxing-Wein
- ½ Teelöffel frisch gemahlener schwarzer Pfeffer
- Koscheres Salz
- 3 Tassen Pflanzenöl
- 2 Esslöffel Maisstärke
- 3 geschälte frische Ingwerscheiben, jede etwa so groß wie ein Viertel
- 1 mittelgroße gelbe Zwiebel, in dünne Scheiben geschnitten
- 2 Knoblauchzehen, fein gehackt
- 2 Esslöffel helle Sojasauce
- 1 Teelöffel dunkle Sojasauce
- ½ Teelöffel Rotweinessig
- Zucker

ANWEISUNGEN:

a) Die Schweinekoteletts mit einem Fleischhammer klopfen, bis sie ½ Zoll dick sind. In eine Schüssel geben und mit Reiswein, Pfeffer und einer kleinen Prise Salz würzen. 10 Minuten marinieren.

b) Gießen Sie das Öl in den Wok. Das Öl sollte etwa 1 bis 1½ Zoll tief sein. Bringen Sie das Öl bei mittlerer bis hoher Hitze auf 375 °F. Sie können erkennen, dass das Öl die richtige Temperatur hat, wenn Sie das Ende eines Holzlöffels in das Öl tauchen. Wenn das Öl rund herum sprudelt und brutzelt, ist das Öl fertig.

c) In 2 Portionen die Koteletts mit der Maisstärke bestreichen. Tauchen Sie sie einzeln vorsichtig in das Öl und braten Sie sie 5 bis 6 Minuten lang, bis sie goldbraun sind. Auf einen mit Papiertüchern ausgelegten Teller geben.

d) Gießen Sie alles bis auf einen Esslöffel Öl aus dem Wok und stellen Sie ihn auf mittlere bis hohe Hitze. Das Öl mit Ingwer und einer Prise Salz würzen. Lassen Sie den Ingwer etwa 30 Sekunden lang im Öl brutzeln und schwenken Sie ihn dabei leicht.

e) Die Zwiebel etwa 4 Minuten unter Rühren anbraten, bis sie glasig und weich ist. Fügen Sie den Knoblauch hinzu und braten Sie ihn weitere 30 Sekunden lang oder bis er duftet. Mit den Schweinekoteletts auf den Teller geben.

f) Helles Soja, dunkles Soja, Rotweinessig und eine Prise Zucker in den Wok geben und verrühren. Zum Kochen bringen und die Zwiebeln und Schweinekoteletts wieder in den Wok geben. Alles gut verrühren, bis die Soße leicht einzudicken beginnt. Den Ingwer entfernen und wegwerfen. Auf eine Platte geben und sofort servieren.

69. Fünf-Gewürze-Schweinefleisch mit Bok Choy

ZUTATEN:
- 1 Esslöffel helle Sojasauce
- 1 Esslöffel Shaoxing-Reiswein
- 1 Teelöffel chinesisches Fünf-Gewürze-Pulver
- 1 Teelöffel Maisstärke
- ½ Teelöffel hellbrauner Zucker
- ¾ Pfund Schweinehackfleisch
- 2 Esslöffel Pflanzenöl
- 2 Knoblauchzehen, geschält und leicht zerdrückt
- Koscheres Salz
- 2 bis 3 Köpfe Pak Choi, quer in mundgerechte Stücke geschnitten
- 1 Karotte, geschält und in Julienne geschnitten
- Gekochter Reis zum Servieren

ANWEISUNGEN:

a) In einer Rührschüssel helles Soja, Reiswein, Fünf-Gewürze-Pulver, Maisstärke und braunen Zucker verrühren. Das Schweinefleisch dazugeben und vorsichtig vermischen. 10 Minuten zum Marinieren beiseite stellen.

b) Erhitzen Sie einen Wok bei mittlerer bis hoher Hitze, bis ein Tropfen Wasser brutzelt und bei Kontakt verdunstet. Gießen Sie das Öl hinein und schwenken Sie es, bis es den Boden des Woks bedeckt. Würzen Sie das Öl, indem Sie Knoblauch und eine Prise Salz hinzufügen. Lassen Sie den Knoblauch etwa 10 Sekunden lang im Öl brutzeln und schwenken Sie ihn dabei leicht.

c) Geben Sie Schweinefleisch in den Wok und lassen Sie es 1 bis 2 Minuten lang an den Wänden des Woks anbraten, oder bis sich eine goldene Kruste bildet. Wenden und auf der anderen Seite noch eine weitere Minute anbraten. Wenden Sie das Schweinefleisch um und braten Sie es noch 1 bis 2 Minuten lang an. Dabei zerkleinern Sie es in Krümel und Klumpen, bis es nicht mehr rosa ist.

d) Den Pak Choi und die Karotte dazugeben und vermengen und wenden, um sie mit dem Schweinefleisch zu vermischen. Unter Rühren 2 bis 3 Minuten weiterbraten, bis die Karotte und der Pak Choi weich sind. Auf eine Platte geben und heiß mit gedünstetem Reis servieren.

70. Hoisin-Schweinefleischpfanne

ZUTATEN:

- 2 Teelöffel Shaoxing-Reiswein
- 2 Teelöffel helle Sojasauce
- ½ Teelöffel Chilipaste
- ¾ Pfund Schweinelende ohne Knochen, dünn in Julienne-Streifen geschnitten
- 2 Esslöffel Pflanzenöl
- 4 geschälte frische Ingwerscheiben, jede etwa so groß wie ein Viertel
- Koscheres Salz
- 4 Unzen Zuckerschoten, diagonal in dünne Scheiben geschnitten
- 2 Esslöffel Hoisinsauce
- 1 Esslöffel Wasser

ANWEISUNGEN:

a) In einer Schüssel Reiswein, helles Soja und Chilipaste verrühren. Das Schweinefleisch dazugeben und vermischen. 10 Minuten zum Marinieren beiseite stellen.

b) Erhitzen Sie einen Wok bei mittlerer bis hoher Hitze, bis ein Tropfen Wasser brutzelt und bei Kontakt verdunstet. Gießen Sie das Öl hinein und schwenken Sie es, bis es den Boden des Woks bedeckt. Das Öl mit Ingwer und einer Prise Salz würzen. Lassen Sie den Ingwer etwa 30 Sekunden lang im Öl brutzeln und schwenken Sie ihn dabei leicht.

c) Fügen Sie das Schweinefleisch und die Marinade hinzu und braten Sie es 2 bis 3 Minuten lang an, bis es nicht mehr rosa ist. Fügen Sie die Zuckerschoten hinzu und braten Sie sie etwa 1 Minute lang an, bis sie weich und durchscheinend sind. Hoisinsauce und Wasser einrühren, um die Sauce aufzulockern. 30 Sekunden lang weiter rühren und wenden, bis die Soße durchgewärmt ist und das Schweinefleisch und die Zuckerschoten damit bedeckt sind.

d) Auf eine Platte geben und heiß servieren.

71. Zweimal gekochter Schweinebauch

ZUTATEN:
- 1 Pfund Schweinebauch ohne Knochen
- ⅓ Tasse schwarze Bohnensauce oder im Laden gekaufte schwarze Bohnensauce
- 1 Esslöffel Shaoxing-Reiswein
- 1 Teelöffel dunkle Sojasauce
- ½ Teelöffel Zucker
- 2 Esslöffel Pflanzenöl, geteilt
- 4 geschälte frische Ingwerscheiben
- Koscheres Salz
- 1 Lauch, längs halbiert und schräg geschnitten
- ½ rote Paprika, in Scheiben geschnitten

ANWEISUNGEN:

a) Das Schweinefleisch in einen großen Topf geben und mit Wasser bedecken. Die Pfanne zum Kochen bringen und dann auf köcheln lassen. 30 Minuten ohne Deckel köcheln lassen oder bis das Schweinefleisch zart und durchgegart ist. Geben Sie das Schweinefleisch mit einem Schaumlöffel in eine Schüssel (schütten Sie die Kochflüssigkeit weg) und lassen Sie es abkühlen.

b) Mehrere Stunden oder über Nacht kühl stellen. Sobald das Schweinefleisch abgekühlt ist, schneiden Sie es in dünne, ¼ Zoll dicke Scheiben und legen Sie es beiseite. Wenn Sie das Schweinefleisch vor dem Schneiden vollständig abkühlen lassen, lässt es sich leichter in dünne Scheiben schneiden.

c) In einem Messbecher aus Glas die schwarze Bohnensauce, Reiswein, dunkles Soja und Zucker verrühren und beiseite stellen.

d) Erhitzen Sie einen Wok bei mittlerer bis hoher Hitze, bis ein Tropfen Wasser brutzelt und bei Kontakt verdunstet. 1 Esslöffel Öl hineingeben und verrühren, bis der Boden des Woks bedeckt ist. Das Öl mit Ingwer und einer Prise Salz würzen. Lassen Sie den Ingwer etwa 30 Sekunden lang im Öl brutzeln und schwenken Sie ihn dabei leicht.

e) Geben Sie die Hälfte des Schweinefleischs portionsweise in den Wok. Lassen Sie die Stücke 2 bis 3 Minuten im Wok anbraten. Umdrehen und auf der anderen Seite weitere 1 bis 2 Minuten anbraten, bis sich das Schweinefleisch zu kräuseln beginnt. In eine saubere Schüssel umfüllen. Mit dem restlichen Schweinefleisch wiederholen.

f) Den restlichen 1 Esslöffel Öl hinzufügen. Den Lauch und die rote Paprika dazugeben und 1 Minute lang anbraten, bis der Lauch weich ist. Die Soße einrühren und unter Rühren anbraten, bis es duftet. Geben Sie das Schweinefleisch wieder in die Pfanne und braten Sie es noch 2 bis 3 Minuten lang weiter, bis alles gerade gar ist. Die Ingwerscheiben wegwerfen und auf eine Servierplatte geben.

72.   Mu Shu Schweinefleisch mit Pfannenpfannkuchen

ZUTATEN:

Für die Pfannkuchen
- 1¾ Tassen Allzweckmehl
- ¾ Tasse kochendes Wasser
- Koscheres Salz
- 3 Esslöffel Sesamöl

Für das Mu Shu Schweinefleisch
- 2 Esslöffel helle Sojasauce
- 1 Teelöffel Maisstärke
- 1 Teelöffel Shaoxing-Reiswein
- Gemahlener weißer Pfeffer
- ¾ Pfund Schweinelende ohne Knochen, gegen die Faser geschnitten
- 3 Esslöffel Pflanzenöl
- 2 Teelöffel geschälter, fein gehackter frischer Ingwer
- 1 große Karotte, geschält und in 7,6 cm lange Streifen geschnitten
- 6 bis 8 frische Waldohrpilze, in Julienne-Streifen geschnitten
- ½ kleiner Kopf Grünkohl, zerkleinert
- 2 Frühlingszwiebeln, in ½ Zoll lange Stücke geschnitten
- 1 (4 Unzen) Dose in Scheiben geschnittene Bambussprossen, abgetropft und in Julienne geschnitten
- ¼ Tasse Pflaumensauce zum Servieren

ANWEISUNGEN:

Um die Pfannkuchen zu machen

a) In einer großen Rührschüssel mit einem Holzlöffel Mehl, kochendes Wasser und eine Prise Salz verrühren. Alles vermischen, bis ein zottiger Teig entsteht. Übertragen Sie den Teig auf ein bemehltes Schneidebrett und kneten Sie ihn von Hand etwa 4 Minuten lang oder bis er glatt ist. Der Teig ist heiß. Tragen Sie deshalb Einweghandschuhe, um Ihre Hände zu schützen. Den Teig wieder in die Schüssel geben und mit Plastikfolie abdecken. 30 Minuten ruhen lassen.

b) Formen Sie den Teig zu einem etwa 30 cm langen Klotz, indem Sie ihn mit den Händen ausrollen. Schneiden Sie den Stamm in 12 gleichmäßige Stücke und behalten Sie dabei die runde Form bei, um Medaillons zu bilden. Drücken Sie die Medaillons mit den Handflächen flach und bestreichen Sie die Oberseite mit Sesamöl. Drücken Sie die geölten Seiten zusammen, sodass 6 Stapel doppelter Teigstücke entstehen.

c) Rollen Sie jeden Stapel zu einem dünnen, runden Blatt mit einem Durchmesser von 7 bis 8 Zoll. Am besten wenden Sie den Pfannkuchen beim Rollen immer wieder um, damit er auf beiden Seiten gleichmäßig dünn wird.

d) Erhitzen Sie eine gusseiserne Pfanne bei mittlerer bis hoher Hitze und braten Sie die Pfannkuchen einzeln etwa 1 Minute lang auf der ersten Seite, bis sie leicht durchscheinend werden und Blasen bilden. Umdrehen, um die andere Seite weitere 30 Sekunden lang zu garen. Geben Sie den Pfannkuchen auf einen mit einem Küchentuch ausgelegten Teller und ziehen Sie die beiden Pfannkuchen vorsichtig auseinander.

Um das Mu Shu-Schweinefleisch zuzubereiten

e) Mischen Sie in einer Rührschüssel helles Soja, Maisstärke, Reiswein und eine Prise weißen Pfeffer. Fügen Sie das geschnittene Schweinefleisch hinzu und schwenken Sie es, um es zu bedecken und 10 Minuten lang zu marinieren.

f) Erhitzen Sie einen Wok bei mittlerer bis hoher Hitze, bis ein Tropfen Wasser brutzelt und bei Kontakt verdunstet. Gießen Sie das Pflanzenöl hinein und schwenken Sie es, um den Boden des Woks zu bedecken. Das Öl mit Ingwer und einer Prise Salz würzen. Lassen Sie den Ingwer etwa 10 Sekunden lang im Öl brutzeln und schwenken Sie ihn dabei leicht.

g) Fügen Sie das Schweinefleisch hinzu und braten Sie es 1 bis 2 Minuten lang an, bis es nicht mehr rosa ist. Fügen Sie die Karotte und die Pilze hinzu und braten Sie weitere 2 Minuten weiter, oder bis die Karotte weich ist. Den Kohl, die Frühlingszwiebeln und die Bambussprossen dazugeben und eine weitere Minute lang braten, oder bis alles durchgeheizt ist. In eine Schüssel geben und servieren, indem man die Schweinefleischfüllung in die Mitte eines Pfannkuchens löffelt und mit Pflaumensauce belegt.

73. Schweinefleisch-Spareribs mit schwarzer Bohnensauce

ZUTATEN:

- 1 Pfund Schweinefleisch-Spareribs, quer in 1½ Zoll breite Streifen geschnitten
- ¼ Teelöffel gemahlener weißer Pfeffer
- 2 Esslöffel schwarze Bohnensauce oder im Laden gekaufte schwarze Bohnensauce
- 1 Esslöffel Shaoxing-Reiswein
- 1 Esslöffel Pflanzenöl
- 2 Teelöffel Maisstärke
- ½ Zoll großes frisches Ingwerstück, geschält und fein gehackt
- 2 Knoblauchzehen, fein gehackt
- 1 Teelöffel Sesamöl
- 2 Frühlingszwiebeln, in dünne Scheiben geschnitten

ANWEISUNGEN:

a) Zwischen den Rippen hindurchschneiden, um sie in mundgerechte Rippchen zu unterteilen. In einer flachen, hitzebeständigen Schüssel die Rippchen und den weißen Pfeffer vermischen. Fügen Sie die schwarze Bohnensauce, den Reiswein, das Pflanzenöl, die Maisstärke, den Ingwer und den Knoblauch hinzu und vermischen Sie alles. Achten Sie dabei darauf, dass alle Riblets bedeckt sind. 10 Minuten marinieren.

b) Spülen Sie einen Bambus-Dampfkorb und seinen Deckel unter kaltem Wasser ab und stellen Sie ihn in den Wok. Gießen Sie 5 cm Wasser ein, oder bis es etwa ¼ bis ½ Zoll über den unteren Rand des Dampfgarers reicht, aber nicht so viel, dass es den Boden des Korbs berührt. Die Schüssel mit den Rippchen in den Dampfgareinsatz stellen und abdecken.

c) Stellen Sie die Hitze auf eine hohe Stufe, um das Wasser zum Kochen zu bringen, und reduzieren Sie dann die Hitze auf eine mittlere bis hohe Stufe. Bei mittlerer bis hoher Hitze 20 bis 22 Minuten lang dämpfen, oder bis die Riblets nicht mehr rosa sind. Möglicherweise müssen Sie das Wasser nachfüllen. Überprüfen Sie daher regelmäßig, ob es im Wok nicht trocken kocht.

d) Nehmen Sie die Schüssel vorsichtig aus dem Dampfgareinsatz. Die Rippchen mit Sesamöl beträufeln und mit den Frühlingszwiebeln garnieren. Sofort servieren.

74. Gebratenes mongolisches Lamm

ZUTATEN:
- 2 Esslöffel Shaoxing-Reiswein
- 1 Esslöffel dunkle Sojasauce
- 3 Knoblauchzehen, gehackt
- 2 Teelöffel Maisstärke
- 1 Teelöffel Sesamöl
- 1 Pfund Lammkeule ohne Knochen, in ¼ Zoll dicke Scheiben geschnitten
- 3 Esslöffel Pflanzenöl, geteilt
- 4 geschälte frische Ingwerscheiben, jede etwa so groß wie ein Viertel
- 2 ganze getrocknete rote Chilischoten (optional)
- Koscheres Salz
- 4 Frühlingszwiebeln, in 7,6 cm lange Stücke schneiden und dann der Länge nach in dünne Scheiben schneiden

ANWEISUNGEN:

a) In einer großen Schüssel Reiswein, dunkles Soja, Knoblauch, Maisstärke und Sesamöl verrühren. Das Lammfleisch in die Marinade geben und vermengen. 10 Minuten marinieren.

b) Erhitzen Sie einen Wok bei mittlerer bis hoher Hitze, bis ein Tropfen Wasser brutzelt und bei Kontakt verdunstet. Geben Sie 2 Esslöffel Pflanzenöl hinzu und schwenken Sie es, um den Boden des Woks zu bedecken. Würzen Sie das Öl, indem Sie Ingwer, Chilis (falls verwendet) und eine Prise Salz hinzufügen. Lassen Sie die Aromen etwa 30 Sekunden lang im Öl brutzeln und schwenken Sie dabei leicht.

c) Heben Sie mit einer Zange die Hälfte des Lammfleisches aus der Marinade und schütteln Sie es leicht, damit der Überschuss abtropfen kann. Die Marinade aufbewahren. Im Wok 2 bis 3 Minuten anbraten. Umdrehen und auf der anderen Seite weitere 1 bis 2 Minuten anbraten. Unter Rühren im Wok noch eine Minute lang schnell schwenken und schwenken. In eine saubere Schüssel umfüllen. Fügen Sie den restlichen 1 Esslöffel Pflanzenöl hinzu und wiederholen Sie den Vorgang mit dem restlichen Lammfleisch.

d) Geben Sie das gesamte Lammfleisch und die reservierte Marinade zurück in den Wok und geben Sie die Frühlingszwiebeln hinein. Eine weitere Minute unter Rühren braten, bis das Lamm gar ist und die Marinade eine glänzende Soße ergibt.

e) Auf eine Servierplatte geben, den Ingwer wegwerfen und heiß servieren.

75. Mit Kreuzkümmel gewürztes Lamm

ZUTATEN:
- ¾ Pfund Lammkeule ohne Knochen, in 1-Zoll-Stücke geschnitten
- 1 Esslöffel helle Sojasauce
- 1 Esslöffel Shaoxing-Reiswein
- Koscheres Salz
- 2 Esslöffel gemahlener Kreuzkümmel
- 1 Teelöffel Sichuan-Pfefferkörner, zerstoßen
- ½ Teelöffel Zucker
- 3 Esslöffel Pflanzenöl, geteilt
- 4 geschälte frische Ingwerscheiben, jede etwa so groß wie ein Viertel
- 2 Esslöffel Maisstärke
- ½ gelbe Zwiebel, der Länge nach in Streifen geschnitten
- 6 bis 8 ganze getrocknete chinesische Chilischoten (optional)
- 4 Knoblauchzehen, in dünne Scheiben geschnitten
- ½ Bund frischer Koriander, grob gehackt

ANWEISUNGEN:

a) In einer Rührschüssel Lammfleisch, helles Soja, Reiswein und eine kleine Prise Salz vermischen. Zum Überziehen wenden und 15 Minuten lang marinieren, oder über Nacht im Kühlschrank aufbewahren.

b) In einer anderen Schüssel Kreuzkümmel, Sichuan-Pfefferkörner und Zucker verrühren. Beiseite legen.

c) Erhitzen Sie einen Wok bei mittlerer bis hoher Hitze, bis ein Tropfen Wasser brutzelt und bei Kontakt verdunstet. 2 Esslöffel Öl hineingeben und verrühren, bis der Boden des Woks bedeckt ist. Das Öl mit Ingwer und einer Prise Salz würzen. Lassen Sie den Ingwer etwa 30 Sekunden lang im Öl brutzeln und schwenken Sie ihn dabei leicht.

d) Die Lammfleischstücke mit der Maisstärke vermengen und in den heißen Wok geben. Das Lammfleisch auf jeder Seite 2 bis 3 Minuten scharf anbraten und dann noch 1 bis 2 Minuten unter Rühren im Wok braten. Das Lammfleisch in eine saubere Schüssel geben und beiseite stellen.

e) Den restlichen 1 Esslöffel Öl hinzufügen und schwenken, um den Wok zu bedecken. Geben Sie die Zwiebel und die Chilischoten (falls verwendet) hinzu und braten Sie sie 3 bis 4 Minuten lang an, oder bis die Zwiebel glänzend, aber nicht schlaff aussieht. Leicht mit einer kleinen Prise Salz würzen. Geben Sie die Knoblauch-Gewürz-Mischung hinzu und braten Sie noch eine weitere Minute weiter.

f) Das Lamm wieder in den Wok geben und noch 1 bis 2 Minuten vermischen. Auf eine Platte geben, den Ingwer wegwerfen und mit dem Koriander garnieren.

76. Lammfleisch mit Ingwer und Lauch

ZUTATEN:
- ¾ Pfund Lammkeule ohne Knochen, in 3 Stücke geschnitten und dann quer zur Faser in dünne Scheiben geschnitten
- Koscheres Salz
- 2 Esslöffel Shaoxing-Reiswein
- 1 Esslöffel dunkle Sojasauce
- 1 Esslöffel helle Sojasauce
- 1 Teelöffel Austernsauce
- 1 Teelöffel Honig
- 1 bis 2 Teelöffel Sesamöl
- ½ Teelöffel gemahlene Sichuan-Pfefferkörner
- 2 Teelöffel Maisstärke
- 2 Esslöffel Pflanzenöl
- 1 Esslöffel geschälter und fein gehackter frischer Ingwer
- 2 Lauch, geputzt und in dünne Scheiben geschnitten
- 4 Knoblauchzehen, fein gehackt

ANWEISUNGEN:

a) Das Lammfleisch in einer Rührschüssel leicht mit 1 bis 2 Prisen Salz würzen. Zum Überziehen umrühren und 10 Minuten ruhen lassen. In einer kleinen Schüssel Reiswein, dunkles Soja, helles Soja, Austernsauce, Honig, Sesamöl, Sichuanpfeffer und Maisstärke verrühren. Beiseite legen.

b) Erhitzen Sie einen Wok bei mittlerer bis hoher Hitze, bis ein Tropfen Wasser brutzelt und bei Kontakt verdunstet. Gießen Sie das Pflanzenöl hinein und schwenken Sie es, um den Boden des Woks zu bedecken. Das Öl mit Ingwer und einer Prise Salz würzen. Lassen Sie den Ingwer etwa 10 Sekunden lang im Öl brutzeln und schwenken Sie ihn dabei leicht.

c) Fügen Sie das Lammfleisch hinzu und braten Sie es 1 bis 2 Minuten lang an. Beginnen Sie dann mit dem Braten unter Wenden und Wenden für weitere 2 Minuten oder bis es nicht mehr rosa ist. In eine saubere Schüssel umfüllen und beiseite stellen.

d) Den Lauch und den Knoblauch dazugeben und 1 bis 2 Minuten lang anbraten, oder bis der Lauch hellgrün und weich ist. In die Lammschüssel geben.

e) Die Soßenmischung dazugeben und 3 bis 4 Minuten köcheln lassen, bis die Soße auf die Hälfte reduziert ist und glänzt. Lammfleisch und Gemüse wieder in den Wok geben und mit der Soße vermischen.

f) Auf eine Platte geben und heiß servieren.

77. Thai-Basilikum-Rindfleisch

ZUTATEN:
- 2 Esslöffel Öl
- 12 Unzen Rindfleisch, in dünne Scheiben gegen die Faser geschnitten
- 5 Knoblauchzehen, gehackt
- ½ rote Paprika, in dünne Scheiben geschnitten
- 1 kleine Zwiebel, in dünne Scheiben geschnitten
- 2 Teelöffel Sojasauce
- 1 Teelöffel dunkle Sojasauce
- 1 Teelöffel Austernsauce
- 1 Esslöffel Fischsauce
- ½ Teelöffel Zucker
- 1 Tasse Thai-Basilikumblätter, verpackt
- Koriander zum Garnieren

ANWEISUNGEN:

a) Erhitzen Sie Ihren Wok bei starker Hitze und fügen Sie das Öl hinzu. Das Rindfleisch anbraten, bis es gerade gebräunt ist. Aus dem Wok nehmen und beiseite stellen.

b) Den Knoblauch und die rote Paprika in den Wok geben und etwa 20 Sekunden lang anbraten.

c) Die Zwiebeln hinzufügen und unter Rühren anbraten, bis sie braun und leicht karamellisiert sind.

d) Das Rindfleisch zusammen mit der Sojasauce, der dunklen Sojasauce, der Austernsauce, der Fischsauce und dem Zucker wieder hineingeben.

e) Noch ein paar Sekunden unter Rühren braten und dann das Thai-Basilikum unterheben, bis es gerade zusammengefallen ist.

f) Mit Jasminreis servieren und mit Koriander garnieren.

78. Chinesisches BBQ-Schweinefleisch

FÜR 8 PERSONEN

ZUTATEN:
- 3 Pfund (1,4 kg) Schweineschulter/Schweinehinterteil (wählen Sie ein Stück mit etwas gutem Fett darauf)
- ¼ Tasse (50 g) Zucker
- 2 Teelöffel Salz
- ½ Teelöffel Fünf-Gewürze-Pulver
- ¼ Teelöffel weißer Pfeffer
- ½ Teelöffel Sesamöl
- 1 Esslöffel Shaoxing-Wein oder
- Chinesischer Pflaumenwein
- 1 Esslöffel Sojasauce
- 1 Esslöffel Hoisinsauce
- 2 Teelöffel Melasse
- 3 Zehen fein gehackter Knoblauch
- 2 Esslöffel Maltose oder Honig
- 1 Esslöffel heißes Wasser

ANWEISUNGEN:
a) Schneiden Sie das Schweinefleisch in etwa 7,6 cm dicke Streifen oder Stücke. Schneiden Sie überschüssiges Fett nicht ab, da es sonst ausläuft und Geschmack hinzufügt.

b) Für die Marinade Zucker, Salz, Fünf-Gewürze-Pulver, weißen Pfeffer, Sesamöl, Wein, Sojasauce, Hoisinsauce, Melasse, Lebensmittelfarbe (falls verwendet) und Knoblauch in einer Schüssel vermischen.

c) Etwa 2 Esslöffel Marinade aufbewahren und beiseite stellen. Reiben Sie das Schweinefleisch mit der restlichen Marinade in einer großen Schüssel oder Auflaufform ein. Abdecken und über Nacht oder mindestens 8 Stunden im Kühlschrank lagern. Die reservierte Marinade ebenfalls abdecken und im Kühlschrank aufbewahren.

d) Heizen Sie Ihren Backofen auf die höchste Stufe (250–290 °C) vor, wobei sich ein Rost im oberen Drittel des Ofens befindet. Ein Blech mit Folie auslegen und ein Metallgestell darauf stellen. Legen

Sie das Schweinefleisch auf den Rost und lassen Sie dabei so viel Platz wie möglich zwischen den Stücken. Gießen Sie 1 ½ Tassen Wasser in die Pfanne unter dem Rost. Dadurch wird verhindert, dass Tropfen anbrennen oder rauchen.

e) Übertragen Sie das Schweinefleisch in Ihren vorgeheizten Ofen und braten Sie es 25 Minuten lang. Nach 25 Minuten das Schweinefleisch wenden. Wenn der Boden der Pfanne trocken ist, fügen Sie eine weitere Tasse Wasser hinzu. Drehen Sie die Pfanne um 180 Grad, um eine gleichmäßige Röstung zu gewährleisten. Weitere 15 Minuten rösten.

f) In der Zwischenzeit die beiseite gestellte Marinade mit Maltose oder Honig und 1 Esslöffel heißem Wasser vermischen.

g) Nach 40 Minuten das Schweinefleisch bestreichen, umdrehen und auch die andere Seite bestreichen. Die letzten 10 Minuten rösten.

h) Nach 50 Minuten sollte das Schweinefleisch durchgegart und oben karamellisiert sein. Wenn es nicht nach Ihrem Geschmack karamellisiert ist, können Sie den Grill ein paar Minuten lang einschalten, um die Außenseite knusprig zu machen und etwas Farbe/Geschmack hinzuzufügen.

79. Gedämpfte BBQ-Schweinefleischbrötchen

Ergibt 10 Brötchen
ZUTATEN:
Für den gedämpften Brötchenteig:
- 1 Teelöffel aktive Trockenhefe
- ¾ Tasse warmes Wasser
- 2 Tassen Allzweckmehl
- 1 Tasse Maisstärke
- 5 Esslöffel Zucker
- ¼ Tasse Raps- oder Pflanzenöl
- 2½ Teelöffel Backpulver

Für die Füllung:
- 1 Esslöffel Öl
- ⅓ Tasse fein gehackte Schalotten oder rote Zwiebeln
- 1 Esslöffel Zucker
- 1 Esslöffel helle Sojasauce
- 1½ Esslöffel Austernsauce
- 2 Teelöffel Sesamöl
- 2 Teelöffel dunkle Sojasauce
- ½ Tasse Hühnerbrühe
- 2 Esslöffel Allzweckmehl
- 1½ Tassen gewürfelter chinesischer Schweinebraten

ANWEISUNGEN:
a) In der Schüssel eines Elektromixers mit Knethakenaufsatz (Sie können auch eine normale Rührschüssel verwenden und mit der Hand kneten) 1 Teelöffel aktive Trockenhefe in einer Tasse warmem Wasser auflösen. Mehl und Maisstärke vermischen und zusammen mit Zucker und Öl zur Hefemischung geben.

b) Schalten Sie den Mixer auf die niedrigste Stufe und lassen Sie ihn laufen, bis eine glatte Teigkugel entsteht. Mit einem feuchten Tuch abdecken und 2 Stunden ruhen lassen. (Das Backpulver gibst du später hinzu!)

c) Während der Teig ruht, die Fleischfüllung zubereiten. 1 Esslöffel Öl in einem Wok bei mittlerer Hitze erhitzen. Die Schalotten/Zwiebeln dazugeben und 1 Minute lang anbraten. Reduzieren Sie die Hitze auf mittlere bis niedrige Stufe und fügen

Sie Zucker, helle Sojasauce, Austernsauce, Sesamöl und dunkle Sojasauce hinzu. Rühren und kochen, bis die Mischung zu sprudeln beginnt. Hühnerbrühe und Mehl hinzufügen und 3 Minuten kochen lassen, bis die Flüssigkeit eingedickt ist. Vom Herd nehmen und den Schweinebraten unterrühren. Zum Abkühlen beiseite stellen. Wenn Sie die Füllung im Voraus zubereiten, decken Sie sie ab und stellen Sie sie in den Kühlschrank, damit sie nicht austrocknet.

d) Nachdem Ihr Teig 2 Stunden lang ruht, geben Sie das Backpulver zum Teig und schalten Sie den Mixer auf die niedrigste Stufe. Wenn der Teig zu diesem Zeitpunkt trocken aussieht oder Sie Probleme beim Einarbeiten des Backpulvers haben, fügen Sie 1–2 Teelöffel Wasser hinzu. Den Teig vorsichtig kneten, bis er wieder glatt wird. Mit einem feuchten Tuch abdecken und weitere 15 Minuten ruhen lassen. Nehmen Sie sich in der Zwischenzeit ein großes Stück Pergamentpapier und schneiden Sie es in zehn 10 x 10 cm große Quadrate. Bereiten Sie Ihren Dampfgarer vor, indem Sie das Wasser zum Kochen bringen.

e) Jetzt können wir die Brötchen zusammenstellen: Rollen Sie den Teig in eine lange Röhre und teilen Sie ihn in 10 gleich große Stücke. Drücken Sie jedes Teigstück in eine Scheibe mit einem Durchmesser von etwa 11 cm (sie sollte in der Mitte dicker und an den Rändern dünner sein). Etwas Füllung hinzufügen und die Brötchen falten, bis sie oben geschlossen sind.

f) Legen Sie jedes Brötchen auf ein Backpapierquadrat und dämpfen Sie es. Ich habe die Brötchen in zwei separaten Portionen mit einem Bambusdämpfer gedämpft.

g) Sobald das Wasser kocht, legen Sie die Brötchen in den Dampfgarer und dämpfen Sie jede Portion 12 Minuten lang bei starker Hitze.

80. Kantonesischer Schweinebauchbraten

Für 6–8 Personen

ZUTATEN:
- 3 Pfund Schweinebauchstück, mit Haut
- 2 Teelöffel Shaoxing-Wein
- 2 Teelöffel Salz
- 1 Teelöffel Zucker
- ½ Teelöffel Fünf-Gewürze-Pulver
- ¼ Teelöffel weißer Pfeffer
- 1½ Teelöffel Reisweinessig
- ½ Tasse grobes Meersalz

ANWEISUNGEN:
a) Den Schweinebauch abspülen und trocken tupfen. Legen Sie es mit der Hautseite nach unten auf ein Tablett und reiben Sie den Shaoxing-Wein in das Fleisch (nicht in die Haut). Mischen Sie Salz, Zucker,

b) Fünf-Gewürze-Pulver und weißer Pfeffer. Reiben Sie diese Gewürzmischung ebenfalls gründlich in das Fleisch ein. Drehen Sie das Fleisch um, sodass die Hautseite nach oben zeigt.

c) Um den nächsten Schritt zu machen, gibt es tatsächlich ein spezielles Werkzeug, das Restaurants verwenden, aber wir haben nur einen scharfen Metallspieß verwendet. Stechen Sie systematisch Löcher in die Haut, damit die Haut knackiger wird und nicht glatt und ledrig bleibt. Je mehr Löcher vorhanden sind, desto besser. Stellen Sie außerdem sicher, dass sie tief genug sind. Halten Sie knapp über der darunter liegenden Fettschicht an.

d) Den Schweinebauch offen im Kühlschrank 12–24 Stunden trocknen lassen.

e) Heizen Sie den Ofen auf 375 Grad F vor. Legen Sie ein großes Stück Aluminiumfolie (am besten eignet sich Hochleistungsfolie) auf ein Backblech und falten Sie die Seiten rund um das Schweinefleisch fest nach oben, sodass Sie rundherum eine Art Schachtel bilden , mit einem 1 Zoll hohen Rand, der um die Seiten verläuft.

f) Den Reisweinessig auf die Schweinehaut streichen. Das Meersalz in einer gleichmäßigen Schicht auf die Haut auftragen, sodass das Schweinefleisch vollständig bedeckt ist. In den Ofen geben und 1 Stunde und 30 Minuten rösten. Wenn an Ihrem Schweinebauch noch die Rippe befestigt ist, braten Sie ihn 1 Stunde und 45 Minuten lang.

g) Nehmen Sie das Schweinefleisch aus dem Ofen, schalten Sie den Grill auf niedrige Stufe und stellen Sie den Ofenrost auf die unterste Position. Entfernen Sie die oberste Meersalzschicht vom Schweinebauch, klappen Sie die Folie auf und stellen Sie einen Bräter auf die Pfanne. Legen Sie den Schweinebauch auf den Rost und legen Sie ihn zum Knusprigen wieder unter den Grill. Dies sollte 10-15 Minuten dauern.

h) Wenn die Haut aufgebläht und knusprig geworden ist, aus dem Ofen nehmen. Lassen Sie es etwa 15 Minuten ruhen. Aufschneiden und servieren!

81. Kokos-Curry-Nudelsuppe

ZUTATEN:
- 2 Esslöffel Öl
- 3 Knoblauchzehen, gehackt
- 1 Esslöffel frischer Ingwer, gerieben
- 3 Esslöffel thailändische rote Currypaste
- 8 Unzen Hähnchenbrust oder -schenkel ohne Knochen, in Scheiben geschnitten
- 4 Tassen Hühnerbrühe
- 1 Tasse Wasser
- 2 Esslöffel Fischsauce
- ⅔ Tasse Kokosmilch
- 6 Unzen getrocknete Reisfadennudeln
- 1 Limette, entsaftet

ANWEISUNGEN:
a) Geschnittene rote Zwiebeln, rote Chilis, Koriander, Frühlingszwiebeln zum Garnieren
b) In einem großen Topf bei mittlerer Hitze das Öl, den Knoblauch, den Ingwer und die rote Thai-Curry-Paste hinzufügen. 5 Minuten braten, bis es duftet.
c) Fügen Sie das Huhn hinzu und kochen Sie es einige Minuten lang, bis das Huhn undurchsichtig wird.
d) Hühnerbrühe, Wasser, Fischsauce und Kokosmilch hinzufügen. Zum Kochen bringen.
e) Probieren Sie nun die Brühe auf Salz ab und passen Sie die Gewürze entsprechend an.
f) Gießen Sie die kochende Suppe über die getrockneten Fadennudeln in Ihren Servierschüsseln, fügen Sie einen Spritzer Limettensaft und Ihre Beilagen hinzu und servieren Sie. Die Nudeln sind in wenigen Minuten verzehrfertig.

82. Scharfe Rindfleisch-Nudelsuppe

ZUTATEN:
- 16 Tassen kaltes Wasser
- 6 Scheiben Ingwer
- 3 Frühlingszwiebeln, gewaschen und halbiert
- ¼ Tasse Shaoxing-Wein
- 3 Pfund. Rinderfutter, in 1½-Zoll-Stücke geschnitten
- 3 Esslöffel Öl
- 1 bis 2 Esslöffel Sichuan-Pfefferkörner
- 2 Knoblauchzehen, geschält
- 1 große Zwiebel, in Stücke geschnitten
- 5-Sterne-Anis
- 4 Lorbeerblätter
- ¼ Tasse würzige Bohnenpaste
- 1 große Tomate, in kleine Stücke geschnitten
- ½ Tasse helle Sojasauce
- 1 Esslöffel Zucker
- 1 großes Stück getrocknete Mandarinenschale
- frische oder getrocknete Weizennudeln Ihrer Wahl
- Gehackte Frühlingszwiebeln und Koriander zum Garnieren

ANWEISUNGEN:

a) Erhitzen Sie das Öl in einem anderen Suppentopf oder einem großen Wok bei mittlerer Hitze und fügen Sie die Sichuan-Pfefferkörner, Knoblauchzehen, Zwiebeln, Sternanis und Lorbeerblätter hinzu. Kochen, bis die Knoblauchzehen und Zwiebelstücke weich werden (ca. 5–10 Minuten). Die würzige Bohnenpaste einrühren.

b) Dann die Tomaten hinzufügen und zwei Minuten kochen lassen. Zum Schluss die helle Sojasauce und den Zucker unterrühren. Schalten Sie die Heizung aus.

c) Nehmen wir nun das Rindfleisch, den Ingwer und die Frühlingszwiebeln aus dem ersten Topf und geben sie in den zweiten Topf. Anschließend die Brühe durch ein feinmaschiges Sieb einfüllen. Stellen Sie den Topf auf hohe Hitze und geben Sie die Mandarinenschale hinein. Abdecken und die Suppe zum Kochen bringen. Reduzieren Sie sofort die Hitze auf köcheln und kochen Sie das Ganze 60–90 Minuten lang.

d) Schalten Sie nach dem Köcheln den Herd aus, aber lassen Sie den Deckel auf, und lassen Sie den Topf noch eine volle Stunde auf dem Herd (bei ausgeschalteter Hitze) stehen, damit sich die Aromen vermischen. Fertig ist die Suppenbasis. Denken Sie daran, die Suppenbasis vor dem Servieren noch einmal zum Kochen zu bringen.

83. Gelbe Eiertropfensuppe

ZUTATEN:
- 4 Tassen Bio-Hühnerbrühe
- ½ Teelöffel Sesamöl
- ½ Teelöffel Salz
- eine Prise Zucker
- Eine Prise weißen Pfeffer
- 5 Tropfen gelbe Lebensmittelfarbe
- ¼ Tasse Maisstärke gemischt mit ½ Tasse Wasser
- 3 Eier, leicht geschlagen
- 1 Frühlingszwiebel, gehackt

ANWEISUNGEN:

a) Die Hühnerbrühe in einem mittelgroßen Suppentopf zum Kochen bringen. Sesamöl, Salz, Zucker und weißen Pfeffer einrühren.

b) Als nächstes fügen Sie die Maisstärkeaufschlämmung hinzu

c) Lassen Sie die Suppe einige Minuten köcheln und prüfen Sie dann, ob die Konsistenz Ihren Wünschen entspricht.

d) Die Suppe in eine Schüssel geben, mit gehackten Frühlingszwiebeln belegen, etwas Sesamöl darüber träufeln und servieren!

84. Einfache Wan-Tan-Suppe

ZUTATEN:
- 10 Unzen Baby-Pak Choi oder ein ähnliches grünes Gemüse
- 1 Tasse Schweinehackfleisch
- 2½ Esslöffel Sesamöl
- Eine Prise weißen Pfeffer
- 1 Esslöffel gewürzte Sojasauce
- ½ Teelöffel Salz
- 1 Esslöffel Shaoxing-Wein
- 1 Packung Wan-Tan-Häute
- 6 Tassen gute Hühnerbrühe
- 1 Esslöffel Sesamöl
- Weißer Pfeffer und Salz nach Geschmack
- 1 Frühlingszwiebel, gehackt

ANWEISUNGEN:
a) Beginnen Sie damit, das Gemüse gründlich zu waschen. Bringen Sie einen großen Topf Wasser zum Kochen und blanchieren Sie das Gemüse, bis es zusammenfällt. Abgießen und in kaltem Wasser abspülen. Schnappen Sie sich ein gutes Büschel Gemüse und drücken Sie vorsichtig so viel Wasser wie möglich heraus. Das Gemüse sehr fein hacken (Sie können den Vorgang auch beschleunigen, indem Sie es in die Küchenmaschine geben).
b) In einer mittelgroßen Schüssel fein gehacktes Gemüse, Schweinehackfleisch, Sesamöl, weißen Pfeffer, Sojasauce, Salz und Shaoxing-Wein hinzufügen. Sehr gründlich vermischen, bis die Mischung emulgiert ist – fast wie eine Paste.
c) Jetzt geht es ans Zusammenbauen! Füllen Sie eine kleine Schüssel mit Wasser. Nehmen Sie eine Hülle und befeuchten Sie die Ränder der Hülle mit dem Finger. Geben Sie etwas mehr als einen Teelöffel Füllung in die Mitte. Falten Sie die Verpackung in der Mitte und drücken Sie die beiden Seiten zusammen, damit eine feste Versiegelung entsteht.
d) Halten Sie die unteren beiden Ecken des kleinen Rechtecks, das Sie gerade erstellt haben, und bringen Sie die beiden Ecken zusammen. Um sicherzustellen, dass sie haften, können Sie etwas

Wasser verwenden. Und das ist es! Weiter zusammenbauen, bis die gesamte Füllung aufgebraucht ist. Legen Sie die Wontons auf ein mit Backpapier ausgelegtes Backblech oder einen Teller, um ein Ankleben zu verhindern.

e) An diesem Punkt können Sie die Wontons mit Plastikfolie abdecken, das Backblech/den Backblech in den Gefrierschrank legen und sie nach dem Einfrieren in Ziploc-Beutel umfüllen. Sie bleiben ein paar Monate im Gefrierschrank und sind jederzeit für die Wan-Tan-Suppe bereit.

f) Um die Suppe zuzubereiten, erhitzen Sie Ihre Hühnerbrühe zum Köcheln und fügen Sie Sesamöl, weißen Pfeffer und Salz hinzu.

g) Bringen Sie einen separaten Topf mit Wasser zum Kochen. Geben Sie die Wontons vorsichtig einzeln in den Topf. Umrühren, damit die Wontons nicht am Boden kleben bleiben. Wenn sie kleben bleiben, machen Sie sich keine Sorgen, sie sollten sich nach dem Garen lösen. Sie sind fertig, wenn sie schwimmen. Achten Sie darauf, sie nicht zu lange zu kochen.

h) Die Wontons mit einem Schaumlöffel herausnehmen und in Schüsseln geben. Die Suppe über die Wontons gießen und mit gehackten Frühlingszwiebeln garnieren. Aufschlag!

85. Eiertropfensuppe

ZUTATEN:
- 4 Tassen natriumarme Hühnerbrühe
- 2 geschälte frische Ingwerscheiben
- 2 Knoblauchzehen, geschält
- 2 Teelöffel helle Sojasauce
- 2 Esslöffel Maisstärke
- 3 Esslöffel Wasser
- 2 große Eier, leicht geschlagen
- 1 Teelöffel Sesamöl
- 2 Frühlingszwiebeln, in dünne Scheiben geschnitten, zum Garnieren

ANWEISUNGEN:

a) In einem Wok oder Suppentopf Brühe, Ingwer, Knoblauch und helles Soja vermischen und zum Kochen bringen. Auf köcheln lassen und 5 Minuten kochen lassen. Ingwer und Knoblauch entfernen und wegwerfen.

b) In einer kleinen Schüssel Maisstärke und Wasser vermischen und die Mischung in den Wok rühren.

c) Reduzieren Sie die Hitze auf ein Köcheln. Tauchen Sie eine Gabel in die geschlagenen Eier und ziehen Sie sie dann unter leichtem Rühren durch die Suppe. Lassen Sie die Suppe einige Augenblicke ungestört köcheln, damit die Eier fest werden. Das Sesamöl einrühren und die Suppe in Servierschüsseln füllen. Mit den Frühlingszwiebeln garnieren.

86. Gebratener Eierreis

ZUTATEN:
- 5 Tassen gekochter Reis
- 5 große Eier (aufgeteilt)
- 2 Esslöffel Wasser
- ¼ Teelöffel Paprika
- ¼ Teelöffel Kurkuma
- 3 Esslöffel Öl (aufgeteilt)
- 1 mittelgroße Zwiebel, fein gehackt
- ½ rote Paprika, fein gehackt
- ½ Tasse gefrorene Erbsen, aufgetaut
- 1½ Teelöffel Salz
- ¼ Teelöffel Zucker
- ¼ Teelöffel schwarzer Pfeffer
- 2 Frühlingszwiebeln, gehackt

ANWEISUNGEN:

a) Den Reis mit einer Gabel auflockern und auseinanderbrechen. Wenn Sie frisch gekochten Reis verwenden, lassen Sie ihn offen auf der Arbeitsfläche stehen, bis er nicht mehr dampft, bevor Sie ihn auflockern.

b) 3 Eier in einer Schüssel verquirlen. Die anderen 2 Eier zusammen mit 2 Esslöffeln Wasser, Paprika und Kurkuma in einer anderen Schüssel verquirlen. Stellen Sie diese beiden Schüsseln beiseite.

c) Einen Wok bei mittlerer Hitze erhitzen und 2 Esslöffel Öl hinzufügen. Die 3 geschlagenen Eier (ohne Gewürze) hinzufügen und verrühren. Nehmen Sie sie aus dem Wok und legen Sie sie beiseite.

d) Den Wok bei starker Hitze erhitzen und den letzten Esslöffel Öl hinzufügen. Die gewürfelte Zwiebel und Paprika dazugeben. 1–2 Minuten unter Rühren braten. Als nächstes fügen Sie den Reis hinzu und braten ihn 2 Minuten lang mit einer Schöpfkelle, um den Reis gleichmäßig zu erhitzen. Verwenden Sie Ihren Wok-Spatel, um eventuelle Reisklumpen zu glätten und aufzubrechen.

e) Als nächstes gießen Sie die restliche ungekochte Ei-Gewürz-Mischung über den Reis und braten ihn etwa eine Minute lang, bis alle Reiskörner mit Ei bedeckt sind.

f) Die Erbsen dazugeben und unter ständigem Rühren eine weitere Minute braten. Anschließend Salz, Zucker und schwarzen Pfeffer über den Reis verteilen und vermischen. Sie sollten nun sehen, dass etwas Dampf aus dem Reis austritt, was bedeutet, dass er durchgeheizt ist.

87. Klassischer gebratener Reis mit Schweinefleisch

ZUTATEN:
- 1 Esslöffel heißes Wasser
- 1 Teelöffel Honig
- 1 Teelöffel Sesamöl
- 1 Teelöffel Shaoxing-Wein
- 1 Esslöffel Sojasauce
- 1 Teelöffel dunkle Sojasauce
- ¼ Teelöffel weißer Pfeffer
- 5 Tassen gekochter weißer Reis
- 1 Esslöffel Öl
- 1 mittelgroße Zwiebel, gewürfelt
- 1 Pfund chinesisches BBQ-Schweinefleisch, in Stücke geschnitten
- 2 Eier, Rührei
- ½ Tasse Mungobohnensprossen
- 2 Frühlingszwiebeln, gehackt

ANWEISUNGEN:

a) Beginnen Sie damit, heißes Wasser, Honig, Sesamöl, Shaoxing-Wein, Sojasauce, dunkle Sojasauce und weißen Pfeffer in einer kleinen Schüssel zu vermischen.

b) Nehmen Sie Ihren gekochten Reis und lockern Sie ihn mit einer Gabel oder mit den Händen auf.

c) Bei mittlerer Hitze im Wok einen Esslöffel Öl hinzufügen und die Zwiebeln glasig dünsten. Den Schweinebraten unterrühren. Den Reis dazugeben und gut vermischen. Fügen Sie die Soßenmischung und das Salz hinzu und verrühren Sie alles mit einer Schöpfkelle, bis der Reis gleichmäßig mit der Soße bedeckt ist.

d) Fügen Sie Ihre Eier, Mungobohnensprossen und Frühlingszwiebeln hinzu. Noch ein oder zwei Minuten gründlich vermischen und servieren!

88. Betrunkene Nudeln

ZUTATEN:
Für das Hähnchen und die Marinade:
- 2 Esslöffel Wasser
- 12 Unzen geschnittene Hähnchenschenkel oder Hähnchenbrust
- 1 Teelöffel Sojasauce
- 1 Teelöffel Öl
- 2 Teelöffel Maisstärke

Für den Rest des Gerichts:
- 8 Unzen breite getrocknete Reisnudeln, gekocht
- 1½ Teelöffel brauner Zucker, aufgelöst in 1 Esslöffel heißem Wasser
- 2 Teelöffel Sojasauce
- 1 Teelöffel dunkle Sojasauce
- 1 Esslöffel Fischsauce
- 2 Teelöffel Austernsauce
- eine Prise gemahlener weißer Pfeffer
- 3 Esslöffel Pflanzen- oder Rapsöl (aufgeteilt)
- 3 Knoblauchzehen, in Scheiben geschnitten
- ¼ Teelöffel frisch geriebener Ingwer
- 2 Schalotten, in Scheiben geschnitten (ca. ⅓ Tassen)
- 1 Frühlingszwiebel, in 3-Zoll-Stücke geschnitten
- 4 thailändische rote Chilischoten, entkernt und in Streifen geschnitten
- 1 Tasse lose verpacktes heiliges Basilikum oder Thai-Basilikum
- 5 bis 6 Stück Babymais, halbiert (optional)
- 2 Teelöffel Shaoxing-Wein

ANWEISUNGEN:
a) Die 2 Esslöffel Wasser mit den Händen in die Hähnchenscheiben einarbeiten, bis das Hähnchen die Flüssigkeit aufnimmt. Sojasauce, Öl und Maisstärke hinzufügen und verrühren, bis das Huhn gleichmäßig bedeckt ist. 20 Minuten ruhen lassen.

b) Die aufgelöste braune Zuckermischung, Sojasaucen, Fischsauce, Austernsauce und weißen Pfeffer in einer kleinen Schüssel verrühren und beiseite stellen.

c) Erhitzen Sie Ihren Wok, bis er fast raucht, und verteilen Sie 2 Esslöffel Öl rund um den Wok. Fügen Sie das Hähnchen hinzu und lassen Sie es auf jeder Seite 1 Minute lang anbraten, bis es zu etwa 90 % gar ist. Aus dem Wok nehmen und beiseite stellen. Wenn die Hitze hoch genug war und Sie das Fleisch richtig angebraten haben, sollte Ihr Wok noch sauber sein und nichts daran kleben bleiben. Wenn nicht, können Sie den Wok waschen, um ein Anhaften der Reisnudeln zu verhindern.

d) Den Wok weiter auf hoher Hitze erhitzen und 1 Esslöffel Öl zusammen mit dem Knoblauch und dem geriebenen Ingwer hinzufügen.

e) Nach ein paar Sekunden die Schalotten hinzufügen. 20 Sekunden lang unter Rühren anbraten und die Frühlingszwiebeln, Chilischoten, Basilikum, Babymais und Shaoxing-Wein hinzufügen. Weitere 20 Sekunden unter Rühren braten und die Reisnudeln hinzufügen. Mischen Sie alles noch eine Minute lang mit einer Schöpfbewegung, bis die Nudeln warm sind.

f) Anschließend die vorbereitete Soßenmischung dazugeben und bei höchster Hitze ca. 1 Minute unter Rühren anbraten, bis die Nudeln eine gleichmäßige Farbe haben. Achten Sie darauf, mit Ihrem Metallspatel den Boden des Woks abzukratzen, um ein Anhaften zu verhindern.

g) Fügen Sie das gebratene Hähnchen hinzu und braten Sie es weitere 1 bis 2 Minuten lang an. Aufschlag!

89. Sichuan-Dan-Dan-Nudeln

ZUTATEN:
FÜR DAS CHILIÖL:
- 2 Esslöffel Sichuan-Pfefferkörner
- 1 Zoll langes Stück Zimt
- 2-Sterne-Anis
- 1 Tasse Öl
- ¼ Tasse zerstoßene rote Paprikaflocken

FÜR DAS FLEISCH UND SUI MI YA CAI:
- 3 Teelöffel Öl (aufgeteilt)
- 8 Unzen gehacktes Schweinefleisch
- 2 Teelöffel süße Bohnensauce oder Hoisinsauce
- 2 Teelöffel Shaoxing-Wein
- 1 Teelöffel dunkle Sojasauce
- ½ Teelöffel Fünf-Gewürze-Pulver
- ⅓ Tasse sui mi Ya cai

FÜR DIE SOSSE:
- 2 Esslöffel Sesampaste (Tahini)
- 3 Esslöffel Sojasauce
- 2 Teelöffel Zucker
- ¼ Teelöffel Fünf-Gewürze-Pulver
- ½ Teelöffel Sichuan-Pfefferkornpulver
- ½ Tasse Ihres vorbereiteten Chiliöls
- 2 Knoblauchzehen, sehr fein gehackt
- ¼ Tasse heißes Kochwasser von den Nudeln

FÜR DIE NUDELN UND DAS GEMÜSE:
- 1 Pfund frische oder getrocknete weiße Nudeln, mittlere Dicke
- 1 kleiner Bund Blattgemüse (Spinat, Pak Choi oder Choy Sum)

MONTIEREN:
- gehackte Erdnüsse (optional)
- gehackte Frühlingszwiebel

ANWEISUNGEN:

a) So bereiten Sie die Fleischmischung zu: In einem Wok einen Teelöffel Öl bei mittlerer Hitze erhitzen und das Hackfleisch anbraten. Fügen Sie die süße Bohnensauce, den Shaoxing-Wein, die dunkle Sojasauce und das Fünf-Gewürze-Pulver hinzu. Kochen, bis die gesamte Flüssigkeit verdampft ist. Beiseite legen. Die anderen 2 Teelöffel Öl im Wok bei mittlerer Hitze erhitzen und das Sui mi ya cai (eingelegtes Gemüse) einige Minuten anbraten. Beiseite legen.

b) Zubereitung der Soße: Alle Soßenzutaten vermischen. Abschmecken und nach Belieben nachwürzen. Sie können es mit mehr heißem Wasser auflockern und mehr Sichuan-Pfefferpulver hinzufügen.

c) So bereiten Sie die Nudeln und das Gemüse zu: Kochen Sie die Nudeln nach Packungsanleitung und lassen Sie sie abtropfen. Das Grün im Nudelwasser blanchieren und abtropfen lassen.

d) Verteilen Sie die Sauce auf vier Schüsseln, gefolgt von den Nudeln und dem Blattgemüse. Geben Sie das gekochte Schweinefleisch und Sui mi ya cai darüber. Mit gehackten Erdnüssen (optional) und Frühlingszwiebeln bestreuen.

e) Alles vermischen und genießen!

90. Heiße und saure Suppe

ZUTATEN:
- 4 Unzen Schweinefilet ohne Knochen, in ¼ Zoll dicke Streifen geschnitten
- 1 Esslöffel dunkle Sojasauce
- 4 getrocknete Shiitake-Pilze
- 8 getrocknete Ährenpilze
- 1½ Esslöffel Maisstärke
- ¼ Tasse ungewürzter Reisessig
- 2 Esslöffel helle Sojasauce
- 2 Teelöffel Zucker
- 1 Teelöffel Chiliöl
- 1 Teelöffel gemahlener weißer Pfeffer
- 2 Esslöffel Pflanzenöl
- 1 geschälte frische Ingwerscheibe, etwa so groß wie ein Viertel
- Koscheres Salz
- 4 Tassen natriumarme Hühnerbrühe
- 4 Unzen fester Tofu, abgespült und in ¼-Zoll-Streifen geschnitten
- 1 großes Ei, leicht geschlagen
- 2 Frühlingszwiebeln, in dünne Scheiben geschnitten, zum Garnieren

ANWEISUNGEN:
a) In einer Schüssel das Schweinefleisch und das dunkle Soja zum Überziehen vermengen. Beiseite legen.
b) Beide Pilze in eine hitzebeständige Schüssel geben und mit kochendem Wasser bedecken. Die Pilze etwa 20 Minuten einweichen, bis sie weich sind. Gießen Sie ¼ Tasse Pilzwasser in einen Messbecher aus Glas und stellen Sie es beiseite. Den Rest der Flüssigkeit abgießen und verwerfen. Die Shiitake-Pilze in dünne Scheiben schneiden und die Ährenpilze in mundgerechte Stücke schneiden. Beide Pilze wieder in die Einweichschüssel geben und beiseite stellen.
c) Rühren Sie die Maisstärke in die zurückbehaltene Pilzflüssigkeit ein, bis sich die Maisstärke aufgelöst hat. Essig, helles Soja, Zucker, Chiliöl und weißen Pfeffer einrühren, bis sich der Zucker aufgelöst hat. Beiseite legen.

d) Erhitzen Sie einen Wok bei mittlerer bis hoher Hitze, bis ein Tropfen Wasser brutzelt und bei Kontakt verdunstet. Gießen Sie das Pflanzenöl hinein und schwenken Sie es, um den Boden des Woks zu bedecken. Das Öl mit Ingwer und einer Prise Salz würzen. Lassen Sie den Ingwer etwa 30 Sekunden lang im Öl brutzeln und schwenken Sie ihn dabei leicht.

e) Geben Sie das Schweinefleisch in den Wok und braten Sie es etwa 3 Minuten lang, bis das Schweinefleisch nicht mehr rosa ist. Den Ingwer entfernen und wegwerfen. Die Brühe hinzufügen und zum Kochen bringen. Auf köcheln lassen und die Pilze unterrühren. Den Tofu einrühren und 2 Minuten köcheln lassen. Rühren Sie die Maisstärkemischung ein und stellen Sie die Hitze wieder auf mittlere bis hohe Stufe. Rühren Sie, bis die Suppe etwa 30 Sekunden lang eindickt. Reduzieren Sie die Hitze auf ein Köcheln.

f) Tauchen Sie eine Gabel in das geschlagene Ei und ziehen Sie es dann unter leichtem Rühren durch die Suppe.

91. Schweinefleisch-Congee

ZUTATEN:
- 10 Tassen Wasser
- ¾ Tasse Jasminreis, abgespült und abgetropft
- 1 Teelöffel koscheres Salz
- 2 Teelöffel geschälter, gehackter frischer Ingwer
- 2 Knoblauchzehen, gehackt
- 1 Esslöffel helle Sojasauce, plus etwas mehr zum Servieren
- 2 Teelöffel Shaoxing-Reiswein
- 2 Teelöffel Maisstärke
- 6 Unzen gehacktes Schweinefleisch
- 2 Esslöffel Pflanzenöl
- Eingelegtes chinesisches Gemüse, in dünne Scheiben geschnitten, zum Servieren (optional)
- Frühlingszwiebel-Ingweröl zum Servieren (optional)
- Frittiertes Chiliöl zum Servieren (optional)
- Sesamöl zum Servieren (optional)

ANWEISUNGEN:

a) Bringen Sie das Wasser in einem Topf mit starkem Boden zum Kochen. Reis und Salz einrühren und die Hitze reduzieren, sodass es leicht köchelt. Abdecken und unter gelegentlichem Rühren etwa 1½ Stunden kochen lassen, bis der Reis eine weiche, breiartige Konsistenz angenommen hat.

b) Während der Reisbrei kocht, verrühren Sie in einer mittelgroßen Schüssel Ingwer, Knoblauch, helles Soja, Reiswein und Maisstärke. Das Schweinefleisch dazugeben und 15 Minuten marinieren lassen.

c) Erhitzen Sie einen Wok bei mittlerer bis hoher Hitze, bis ein Tropfen Wasser brutzelt und bei Kontakt verdunstet. Gießen Sie das Pflanzenöl hinein und schwenken Sie es, um den Boden des Woks zu bedecken. Fügen Sie das Schweinefleisch hinzu und braten Sie es unter Wenden und Zerteilen des Fleisches etwa 2 Minuten lang an.

d) Weitere 1 bis 2 Minuten ohne Rühren kochen, um eine leichte Karamellisierung zu erreichen.

e) Servieren Sie den Reisbrei in Suppenschüsseln und garnieren Sie ihn mit dem gebratenen Schweinefleisch. Mit Toppings Ihrer Wahl garnieren.

92. Gebratener Reis mit Garnelen, Ei und Frühlingszwiebeln

ZUTATEN:
- 2 Esslöffel Pflanzenöl
- Koscheres Salz
- 1 großes Ei, geschlagen
- ½ Pfund Garnelen (beliebige Größe), geschält, entdarmt und in mundgerechte Stücke geschnitten
- 1 Teelöffel geschälter, fein gehackter frischer Ingwer
- 2 Knoblauchzehen, fein gehackt
- ½ Tasse gefrorene Erbsen und Karotten
- 2 Frühlingszwiebeln, in dünne Scheiben geschnitten, geteilt
- 3 Tassen kalt gekochter Reis
- 3 Esslöffel ungesalzene Butter
- 1 Esslöffel helle Sojasauce
- 1 Esslöffel Sesamöl

ANWEISUNGEN:

a) Erhitzen Sie einen Wok bei mittlerer bis hoher Hitze, bis ein Tropfen Wasser brutzelt und bei Kontakt verdunstet. Gießen Sie das Pflanzenöl hinein und schwenken Sie es, um den Boden des Woks zu bedecken. Würzen Sie das Öl mit einer kleinen Prise Salz. Das Ei dazugeben und schnell verrühren.

b) Schieben Sie das Ei an den Rand des Woks, sodass ein mittlerer Ring entsteht, und fügen Sie Garnelen, Ingwer und Knoblauch hinzu. Braten Sie die Garnelen mit einer kleinen Prise Salz 2 bis 3 Minuten lang an, bis sie undurchsichtig und rosa werden. Erbsen und Karotten sowie die Hälfte der Frühlingszwiebeln dazugeben und eine weitere Minute braten.

c) Fügen Sie den Reis hinzu, brechen Sie alle großen Klumpen auf und schwenken Sie ihn, um alle Zutaten zu vermischen. 1 Minute unter Rühren braten, dann alles an den Rand des Woks schieben, so dass eine Mulde am Boden des Woks entsteht.

d) Fügen Sie die Butter und das helle Soja hinzu, lassen Sie die Butter schmelzen und sprudeln, dann vermengen Sie alles etwa 30 Sekunden lang, bis es bedeckt ist.

e) Verteilen Sie den gebratenen Reis in einer gleichmäßigen Schicht im Wok und lassen Sie den Reis etwa zwei Minuten lang am Wok ruhen, damit er leicht knusprig wird. Mit Sesamöl beträufeln und mit einer weiteren kleinen Prise Salz würzen. Auf eine Platte geben und sofort servieren, mit den restlichen Frühlingszwiebeln garnieren.

93. Gebratener Reis mit geräucherter Forelle

ZUTATEN:

- 2 große Eier
- 1 Teelöffel Sesamöl
- Koscheres Salz
- Gemahlener weißer Pfeffer
- 1 Esslöffel helle Sojasauce
- ½ Teelöffel Zucker
- 3 Esslöffel Ghee oder Pflanzenöl, aufgeteilt
- 1 Teelöffel geschälter, fein gehackter frischer Ingwer
- 2 Knoblauchzehen, fein gehackt
- 3 Tassen kalt gekochter Reis
- 4 Unzen geräucherte Forelle, in mundgerechte Stücke gebrochen
- ½ Tasse dünn geschnittene Römersalatherzen
- 2 Frühlingszwiebeln, in dünne Scheiben geschnitten
- ½ Teelöffel weiße Sesamkörner

ANWEISUNGEN:

a) In einer großen Schüssel die Eier mit dem Sesamöl und je einer Prise Salz und weißem Pfeffer verquirlen, bis alles gut vermischt ist. In einer kleinen Schüssel das helle Soja und den Zucker verrühren, um den Zucker aufzulösen. Beiseite legen.

b) Erhitzen Sie einen Wok bei mittlerer bis hoher Hitze, bis ein Tropfen Wasser brutzelt und bei Kontakt verdunstet. 1 Esslöffel Ghee hineingeben und verrühren, bis der Boden des Woks bedeckt ist. Fügen Sie die Eimischung hinzu und schwenken und schütteln Sie die Eier mit einem hitzebeständigen Spatel, bis sie gar sind. Geben Sie die Eier auf einen Teller, wenn sie gerade gekocht, aber noch nicht trocken sind.

c) Die restlichen 2 Esslöffel Ghee zusammen mit Ingwer und Knoblauch in den Wok geben. Schnell unter Rühren anbraten, bis der Knoblauch und der Ingwer gerade aromatisch werden, aber achten Sie darauf, dass sie nicht anbrennen. Die Reis-Soja-Mischung dazugeben und verrühren. Unter Rühren ca. 3 Minuten braten. Fügen Sie die Forelle und das gekochte Ei hinzu und braten Sie es etwa 20 Sekunden lang an, um es zu zerkleinern. Den Salat und die Frühlingszwiebeln dazugeben und unter Rühren anbraten, bis beide hellgrün sind.

d) Auf eine Servierplatte geben und mit den Sesamkörnern bestreuen.

94. Spam Fried Rice

ZUTATEN:

- 1 Esslöffel Pflanzenöl
- 2 geschälte frische Ingwerscheiben
- Koscheres Salz
- 1 (12-Unzen) Dose Spam, in ½-Zoll-Würfel geschnitten
- ½ weiße Zwiebel, in ¼-Zoll große Würfel schneiden
- 2 Knoblauchzehen, fein gehackt
- ½ Tasse gefrorene Erbsen und Karotten
- 2 Frühlingszwiebeln, in dünne Scheiben geschnitten, geteilt
- 3 Tassen kalt gekochter Reis
- ½ Tasse Ananasstücke aus der Dose, Säfte vorbehalten
- 3 Esslöffel ungesalzene Butter
- 2 Esslöffel helle Sojasauce
- 1 Teelöffel Sriracha
- 1 Teelöffel hellbrauner Zucker
- 1 Esslöffel Sesamöl

ANWEISUNGEN:

a) Erhitzen Sie einen Wok bei mittlerer bis hoher Hitze, bis ein Tropfen Wasser brutzelt und bei Kontakt verdunstet. Gießen Sie das Pflanzenöl hinein und schwenken Sie es, um den Boden des Woks zu bedecken. Würzen Sie das Öl mit Ingwer und einer kleinen Prise Salz. Lassen Sie den Ingwer etwa 30 Sekunden lang im Öl brutzeln und schwenken Sie ihn dabei leicht.

b) Fügen Sie den gewürfelten Spam hinzu und verteilen Sie ihn gleichmäßig auf dem Boden des Woks. Lassen Sie den Spam anbraten, bevor Sie ihn werfen und umdrehen. Den Spam unter Rühren weitere 5 bis 6 Minuten braten, bis er von allen Seiten goldbraun und knusprig wird.

c) Fügen Sie die Zwiebel und den Knoblauch hinzu und braten Sie alles etwa 2 Minuten lang an, bis die Zwiebel glasig aussieht. Erbsen und Karotten sowie die Hälfte der Frühlingszwiebeln hinzufügen. Noch eine weitere Minute unter Rühren braten.

d) Geben Sie den Reis und die Ananas hinein, brechen Sie alle großen Reisklumpen auf und schwenken Sie alles, um alle Zutaten zu vermischen. 1 Minute unter Rühren braten, dann alles an den Rand des Woks schieben, so dass eine Mulde am Boden des Woks entsteht.

e) Butter, reservierten Ananassaft, helles Soja, Sriracha und braunen Zucker hinzufügen. Rühren Sie um, um den Zucker aufzulösen, und bringen Sie die Sauce zum Kochen. Kochen Sie sie dann etwa eine Minute lang, um die Sauce zu reduzieren und leicht einzudicken. Alles etwa 30 Sekunden lang vermengen und beschichten.

f) Verteilen Sie den gebratenen Reis in einer gleichmäßigen Schicht im Wok und lassen Sie den Reis etwa 2 Minuten lang am Wok ruhen, damit er leicht knusprig wird. Den Ingwer entfernen und wegwerfen. Mit Sesamöl beträufeln und mit einer weiteren kleinen Prise Salz würzen. Auf eine Platte geben und mit den restlichen Frühlingszwiebeln garnieren. Sofort servieren.

95. Gedämpfter Reis mit Lap Cheung und Bok Choy

ZUTATEN:
- 1½ Tassen Jasminreis
- 4 Runden Cheung-Wurst (chinesische Wurst) oder spanische Chorizo
- 4 Baby-Pak Choi-Köpfe, jeweils in 6 Spalten geschnitten
- ¼ Tasse Pflanzenöl
- 1 kleine Schalotte, in dünne Scheiben geschnitten
- 2,5 cm großes Stück frischen Ingwer, geschält und fein gehackt
- 1 Knoblauchzehe, geschält und fein gehackt
- 2 Teelöffel helle Sojasauce
- 1 Esslöffel dunkle Sojasauce
- 2 Teelöffel Shaoxing-Reiswein
- 1 Teelöffel Sesamöl
- Zucker

ANWEISUNGEN:

a) Spülen Sie den Reis in einer Rührschüssel ab und schwenken Sie ihn drei- oder viermal unter kaltem Wasser. Schwenken Sie den Reis dabei im Wasser hin und her, um eventuelle Stärken abzuspülen. Den Reis mit kaltem Wasser bedecken und 2 Stunden einweichen. Den Reis durch ein feinmaschiges Sieb abgießen.

b) Spülen Sie zwei Bambus-Dampfkörbe und deren Deckel unter kaltem Wasser ab und stellen Sie einen Korb in den Wok. Gießen Sie 5 cm Wasser hinein, oder so viel, dass der Wasserstand ¼ bis ½ Zoll über den unteren Rand des Dampfgarers reicht, aber nicht so hoch, dass das Wasser den Boden des Dampfgarers berührt.

c) Einen Teller mit einem Stück Käsetuch auslegen und die Hälfte des eingeweichten Reises auf den Teller geben. Legen Sie zwei Würstchen und die Hälfte des Pak Choi darauf und binden Sie das Käsetuch locker zusammen, sodass rund um den Reis genügend Platz bleibt, damit er sich ausdehnen kann. Legen Sie den Teller in den Dampfgareinsatz. Wiederholen Sie den Vorgang mit einem weiteren Teller, mehr Käsetuch und der restlichen Wurst und Pak Choi im zweiten Dampfgareinsatz, stapeln Sie ihn dann auf den ersten und decken Sie ihn ab.

d) Stellen Sie die Hitze auf mittelhoch und bringen Sie das Wasser zum Kochen. Den Reis 20 Minuten lang dämpfen, dabei häufig den Wasserstand prüfen und bei Bedarf mehr hinzufügen.

e) Während der Reis dampft, erhitzen Sie das Pflanzenöl in einem kleinen Topf bei mittlerer Hitze, bis es gerade zu rauchen beginnt. Schalten Sie den Herd aus und fügen Sie Schalotte, Ingwer und Knoblauch hinzu. Umrühren und helles Soja, dunkles Soja, Reiswein, Sesamöl und eine Prise Zucker hinzufügen. Zum Abkühlen beiseite stellen.

f) Wenn der Reis fertig ist, lösen Sie vorsichtig das Käsetuch und geben Sie den Reis und den Pak Choi auf eine Platte. Die Würstchen schräg aufschneiden und auf dem Reis anrichten. Mit dem Ingwer-Sojaöl als Beilage servieren.

96. Rindfleisch Nudelsuppe

ZUTATEN:
- ¾ Pfund Rinderfiletspitzen, quer zur Faser in dünne Scheiben geschnitten
- 2 Teelöffel Backpulver
- 4 Esslöffel Shaoxing-Reiswein, geteilt
- 4 Esslöffel helle Sojasauce, geteilt
- 2 Teelöffel Maisstärke, geteilt
- 1 Teelöffel Zucker
- Frisch gemahlener schwarzer Pfeffer
- 3 Esslöffel Pflanzenöl, geteilt
- 2 Teelöffel chinesisches Fünf-Gewürze-Pulver
- 4 geschälte frische Ingwerscheiben
- 2 Knoblauchzehen, geschält und zerdrückt
- 4 Tassen Rinderbrühe
- ½ Pfund getrocknete chinesische Nudeln (jede Art)
- 2 Baby-Pak Choi-Köpfe, geviertelt
- 1 Esslöffel Frühlingszwiebel-Ingweröl

ANWEISUNGEN:

a) In einer kleinen Schüssel das Rindfleisch mit dem Backpulver vermengen und 5 Minuten ruhen lassen. Das Rindfleisch abspülen und mit Papiertüchern trocken tupfen.

b) In einer anderen Schüssel das Rindfleisch mit Reiswein, hellem Soja, Maisstärke, Zucker, Salz und Pfeffer vermischen. Marinieren.

c) In einem Messbecher aus Glas die restlichen 3 Esslöffel Reiswein, 3 Esslöffel helles Soja und 1 Teelöffel Maisstärke vermischen und beiseite stellen.

d) Erhitzen Sie einen Wok bei mittlerer bis hoher Hitze, bis ein Tropfen Wasser brutzelt und bei Kontakt verdunstet. Geben Sie 2 Esslöffel Pflanzenöl hinzu und schwenken Sie es, um den Boden des Woks zu bedecken. Fügen Sie das Rindfleisch und das Fünf-Gewürze-Pulver hinzu und kochen Sie es 3 bis 4 Minuten lang unter gelegentlichem Wenden, bis es leicht gebräunt ist. Das Rindfleisch in eine saubere Schüssel geben und beiseite stellen.

e) Wischen Sie den Wok sauber und stellen Sie ihn wieder auf mittlere Hitze. Den restlichen 1 Esslöffel Pflanzenöl hinzufügen und schwenken, um den Boden des Woks zu bedecken. Fügen Sie Ingwer, Knoblauch und eine Prise Salz hinzu, um das Öl zu würzen. Lassen Sie den Ingwer und den Knoblauch unter leichtem Schwenken etwa 10 Sekunden lang im Öl brutzeln.

f) Die Sojasaucenmischung dazugeben und zum Kochen bringen. Mit der Brühe aufgießen und erneut zum Kochen bringen. Auf köcheln lassen und das Rindfleisch wieder in den Wok geben. 10 Minuten köcheln lassen.

g) In der Zwischenzeit einen großen Topf Wasser bei starker Hitze zum Kochen bringen. Die Nudeln dazugeben und nach Packungsanleitung kochen. Mit einem Wok-Schaumlöffel die Nudeln herauslöffeln und abtropfen lassen. Geben Sie den Pak Choi in das kochende Wasser und kochen Sie ihn 2 bis 3 Minuten lang, bis er hellgrün und zart ist. Den Pak Choi auslöffeln und in eine Schüssel geben. Mit einer Zange die Nudeln mit dem Frühlingszwiebel-Ingwer-Öl vermengen, um sie zu bedecken. Nudeln und Pak Choi auf Suppentassen verteilen.

97. Knoblauchnudeln

ZUTATEN:
- ½ Pfund frische chinesische Eiernudeln, gekocht
- 2 Esslöffel Sesamöl, geteilt
- 2 Esslöffel hellbrauner Zucker
- 2 Esslöffel Austernsauce
- 1 Esslöffel helle Sojasauce
- ½ Teelöffel gemahlener weißer Pfeffer
- 6 Esslöffel ungesalzene Butter
- 8 Knoblauchzehen, fein gehackt
- 6 Frühlingszwiebeln, in dünne Scheiben geschnitten

ANWEISUNGEN:

a) Die Nudeln mit 1 Esslöffel Sesamöl beträufeln und vermischen. Beiseite legen.

b) In einer kleinen Schüssel braunen Zucker, Austernsauce, helles Soja und weißen Pfeffer verrühren. Beiseite legen.

c) Einen Wok bei mittlerer bis hoher Hitze erhitzen und die Butter schmelzen. Den Knoblauch und die Hälfte der Frühlingszwiebeln hinzufügen. 30 Sekunden lang unter Rühren braten.

d) Die Soße dazugeben und mit der Butter und dem Knoblauch verrühren. Die Soße zum Kochen bringen und die Nudeln dazugeben. Die Nudeln mit der Soße bestreichen, bis sie durchgewärmt sind.

98. Singapur-Nudeln

ZUTATEN:
- ½ Pfund getrocknete Reisfadennudeln
- ½ Pfund mittelgroße Garnelen, geschält und entdarmt
- 3 Esslöffel Kokosöl, geteilt
- Koscheres Salz
- 1 kleine weiße Zwiebel, in dünne Streifen geschnitten
- ½ grüne Paprika, in dünne Streifen schneiden
- ½ rote Paprika, in dünne Streifen schneiden
- 2 Knoblauchzehen, fein gehackt
- 1 Tasse gefrorene Erbsen, aufgetaut
- ½ Pfund chinesischer Schweinebraten, in dünne Streifen geschnitten
- 2 Teelöffel Currypulver
- Frisch gemahlener schwarzer Pfeffer
- Saft von 1 Limette
- 8 bis 10 frische Korianderzweige

ANWEISUNGEN:

a) Bringen Sie einen großen Topf Wasser bei starker Hitze zum Kochen. Schalten Sie den Herd aus und geben Sie die Nudeln hinzu. 4 bis 5 Minuten einweichen, bis die Nudeln undurchsichtig sind. Die Nudeln vorsichtig in einem Sieb abtropfen lassen. Die Nudeln mit kaltem Wasser abspülen und beiseite stellen.

b) In einer kleinen Schüssel die Garnelen mit der Fischsauce (falls verwendet) würzen und 5 Minuten ruhen lassen. Wenn Sie keine Fischsauce verwenden möchten, würzen Sie die Garnelen stattdessen mit einer Prise Salz.

c) Erhitzen Sie einen Wok bei mittlerer bis hoher Hitze, bis ein Tropfen Wasser brutzelt und bei Kontakt verdunstet. 2 Esslöffel Kokosöl hineingeben und verrühren, bis der Boden des Woks bedeckt ist. Würzen Sie das Öl mit einer kleinen Prise Salz. Fügen Sie die Garnelen hinzu und braten Sie sie 3 bis 4 Minuten lang oder bis die Garnelen rosa werden. In eine saubere Schüssel umfüllen und beiseite stellen.

d) Fügen Sie den restlichen 1 Esslöffel Kokosöl hinzu und schwenken Sie es, um den Wok zu bedecken. Zwiebel, Paprika und Knoblauch unter Rühren 3 bis 4 Minuten anbraten, bis die Zwiebeln und Paprika weich sind. Fügen Sie die Erbsen hinzu und braten Sie sie etwa eine weitere Minute lang an, bis sie gerade durchgewärmt sind.

e) Fügen Sie das Schweinefleisch hinzu und geben Sie die Garnelen wieder in den Wok. Mit dem Currypulver vermengen und mit Salz und Pfeffer würzen. Die Nudeln dazugeben und vermischen. Die Nudeln nehmen eine leuchtend goldgelbe Farbe an, wenn Sie sie vorsichtig mit den anderen Zutaten vermischen. Unter Rühren weiterbraten und etwa 2 Minuten schwenken, bis die Nudeln durchgewärmt sind.

f) Die Nudeln auf eine Platte geben, mit Limettensaft beträufeln und mit Koriander garnieren. Sofort servieren.

99. Glasnudeln mit Chinakohl

ZUTATEN:
- ½ Pfund getrocknete Süßkartoffelnudeln oder Mungobohnennudeln
- 2 Esslöffel helle Sojasauce
- 2 Teelöffel dunkle Sojasauce
- 1 Esslöffel Austernsauce
- 1 Teelöffel Zucker
- 2 Esslöffel Pflanzenöl
- 2 geschälte frische Ingwerscheiben
- Koscheres Salz
- 1 Teelöffel Sichuan-Pfefferkörner
- 1 kleiner Kopf Chinakohl, in mundgerechte Stücke geschnitten
- ½ Pfund grüne Bohnen, geputzt und halbiert
- 3 Frühlingszwiebeln, grob gehackt

ANWEISUNGEN:

a) Machen Sie die Nudeln in einer großen Schüssel weich, indem Sie sie 10 Minuten lang in heißem Wasser einweichen, bis sie weich sind. Die Nudeln vorsichtig in einem Sieb abtropfen lassen. Mit kaltem Wasser abspülen und beiseite stellen.

b) In einer kleinen Schüssel helles Soja, dunkles Soja, Austernsauce und Zucker vermischen. Beiseite legen.

c) Erhitzen Sie einen Wok bei mittlerer bis hoher Hitze, bis ein Tropfen Wasser brutzelt und bei Kontakt verdunstet. Gießen Sie das Öl hinein und schwenken Sie es, bis es den Boden des Woks bedeckt. Würzen Sie das Öl, indem Sie den Ingwer, eine kleine Prise Salz und die Sichuan-Pfefferkörner hinzufügen. Lassen Sie den Ingwer etwa 30 Sekunden lang im Öl brutzeln und schwenken Sie ihn dabei leicht. Den Ingwer und die Pfefferkörner herauslöffeln und wegwerfen.

d) Den Chinakohl und die grünen Bohnen in den Wok geben und unter Rühren und Wenden 3 bis 4 Minuten lang anbraten, bis das Gemüse zusammengefallen ist. Die Soße dazugeben und vermengen.

e) Die Nudeln dazugeben und mit der Soße und dem Gemüse vermischen. Abdecken und die Hitze auf mittlere Stufe reduzieren. 2 bis 3 Minuten kochen lassen, oder bis die Nudeln durchsichtig und die grünen Bohnen zart sind.

f) Erhöhen Sie die Hitze auf mittelhoch und decken Sie den Wok ab. Weitere 1 bis 2 Minuten unter Rühren und Schöpfen braten, bis die Soße leicht eindickt. Auf eine Platte geben und mit den Frühlingszwiebeln garnieren. Heiß servieren.

100. Hakka-Nudeln

ZUTATEN:

- ¾ Pfund frische Nudeln auf Mehlbasis
- 3 Esslöffel Sesamöl, geteilt
- 2 Esslöffel helle Sojasauce
- 1 Esslöffel Reisessig
- 2 Teelöffel hellbrauner Zucker
- 1 Teelöffel Sriracha
- 1 Teelöffel Chiliöl
- Koscheres Salz
- Gemahlener weißer Pfeffer
- 2 Esslöffel Pflanzenöl
- 1 Esslöffel geschälter, fein gehackter frischer Ingwer
- ½ Kopf Grünkohl, zerkleinert
- ½ rote Paprika, in dünne Streifen geschnitten
- ½ rote Zwiebel, in dünne vertikale Streifen geschnitten
- 1 große Karotte, geschält und in Streifen geschnitten
- 2 Knoblauchzehen, fein gehackt
- 4 Frühlingszwiebeln, in dünne Scheiben geschnitten

ANWEISUNGEN:

a) Bringen Sie einen Topf Wasser zum Kochen und kochen Sie die Nudeln nach Packungsanleitung. Abgießen, abspülen und mit 2 Esslöffeln Sesamöl vermischen. Beiseite legen.

b) In einer kleinen Schüssel helles Soja, Reisessig, braunen Zucker, Sriracha, Chiliöl und jeweils eine Prise Salz und weißen Pfeffer verrühren. Beiseite legen.

c) Erhitzen Sie einen Wok bei mittlerer bis hoher Hitze, bis ein Tropfen Wasser brutzelt und bei Kontakt verdunstet. Gießen Sie das Pflanzenöl hinein und schwenken Sie es, um den Boden des Woks zu bedecken. Würzen Sie das Öl mit Ingwer und einer kleinen Prise Salz. Lassen Sie den Ingwer etwa 10 Sekunden lang im Öl brutzeln und schwenken Sie ihn dabei leicht.

d) Kohl, Paprika, Zwiebel und Karotte dazugeben und 4 bis 5 Minuten unter Rühren anbraten, bis das Gemüse weich ist und die Zwiebel leicht zu karamellisieren beginnt. Fügen Sie den Knoblauch hinzu und braten Sie ihn noch etwa 30 Sekunden lang an, bis er duftet. Die Saucenmischung einrühren und zum Kochen bringen. Reduzieren Sie die Hitze auf mittlere Stufe und lassen Sie die Soße 1 bis 2 Minuten köcheln. Die Frühlingszwiebeln dazugeben und vermengen.

e) Die Nudeln dazugeben und vermengen. Erhöhen Sie die Hitze auf mittlere bis hohe Stufe und braten Sie sie 1 bis 2 Minuten lang unter Rühren, um die Nudeln zu erhitzen. Auf eine Platte geben, mit dem restlichen 1 Esslöffel Sesamöl beträufeln und heiß servieren.

ABSCHLUSS

„Zum Mitnehmen zu Hause" ist nicht nur ein Kochbuch, sondern eine Reise durch die vielfältige und geschmackvolle Welt der chinesischen Küche. Mit seinen 100 köstlichen Rezepten, jedes begleitet von einem wunderschön farbigen Bild, bietet dieses Kochbuch Inspiration und Anleitung, um Ihre liebsten chinesischen Gerichte zum Mitnehmen zu Hause nachzukochen.

Während Sie die verschiedenen Rezepte erkunden, entdecken Sie die Geheimnisse hinter den kräftigen und komplexen Aromen der chinesischen Küche. Außerdem lernen Sie, wie Sie traditionelle chinesische Zutaten und Techniken nutzen, um Ihre Hausmannskost auf die nächste Stufe zu heben.

Wenn Sie das Ende dieses Kochbuchs erreicht haben, werden Sie ein neues Verständnis für die Kunst der chinesischen Küche und die endlosen Möglichkeiten, die sie bietet, gewonnen haben. Egal, ob Sie Ihre Gäste beeindrucken oder einfach nur ein köstliches Essen mit Ihrer Familie genießen möchten, Zum Mitnehmen zu Hause wird zu einer wertvollen Ressource, zu der Sie immer wieder zurückkehren werden

www.ingramcontent.com/pod-product-compliance
Lightning Source LLC
Chambersburg PA
CBHW070651120526
44590CB00013BA/917